老子十八讲

说明

二〇〇八年夏，我完成了《老子的帮助》一书的写作。二〇〇九年一月，此书出版，并受到读者与一些师长、友人的厚爱。

二〇〇九年三月上旬至七月初，我在BTV『中华文明大讲堂』开讲《老子的帮助》，讲座名虽与书名相同，但为了适应口语与观众的特点，我其实是重新思考，重新结构，自成体系了一部新的书稿。为此，我特别感谢北京电视台刘爱勤台长、BTV卫视陈大立与杨东主任、于瀛编导，没有他们的多方鼓励与创造条件，我不可能讲出这个系列来。我深深体会到，把一些抽象的哲学道理讲明白，讲亲切，讲得易于接受，远比把它们讲高深要有趣也困难得多。

原安排十二讲，后应观众与BTV的要求，扩充为十八讲。后六讲中，有一些引文和讲解与前十二讲有重叠，经过删节，留下的是角度不同说法不同的部分。

BTV播放的是经过该台编辑的内容。笔者后来按原始稿全文整理增删，成为现在的书稿，并定名为《老子十八讲》。

在BTV讲课时，有主持人姜华女士的协助与点拨呼应。整理书稿时，则是按笔者与BTV的协议，以我的讲演记录稿来作书的。谨感谢BTV的推动与大力协助，并感谢姜华女士在成就此书方面做出的卓越贡献。

第一讲　你为什么需要一个大道

道的概念高于一切

老子非常重要，他是中华民族智慧的一个高峰。他的《道德经》在世界上有上千种译本，是全部中华典籍中翻译得最多的。可他在两千多年前用的语言咱们不熟悉，现在看起来也比较绕，有时候一上来就把人绕糊涂了。我要做的就是努力与老子起一个互证的作用：就是让我们互相证明一下，用我们今人的经历、经验、思想、知识、观念来证明一下老子的哪些观点是对人特别有帮助的；哪些是仅供参考的，还有哪些是需要有所调整的。同时我们也用老子的学说来分析、对比一下我们自己的那些经验、经历，看我们自己的那些想法，有哪些是值得通过对老子的阅读与验证，争取一个进一步的更高的认识的。

头一个问题我想跟大家讨论的就是，人为什么需要一个特别大的概念，像『道』这样的概念？你也许会问：究竟什么是道，到底什么是道？我告诉你，道就是『到底』，也就是究竟！你想过问一下究竟了，那么就是过问道了。你的问题也就回答了你的提问。妙就妙在这里。老子这个道就是来动员我们的智慧和思维，让我们进入『究竟』与『到底』，即进入终极关怀、终极期待、终极追寻的。而各种有关终极的说法，可能是哲学，可能是科学，可能是数学，更可能是神学即宗教学。

老子呢，正是以中华文化特有的想象、感悟、思辨的方式进行自己的终极探寻的。

我们寻找到这样一个理念，这个理念它高于一切、它涵盖一切、它包括一切，有了这个理念你就好像有了一座大

山做依靠一样。比如说我们会有一种对世界的敬畏的感觉：仰望星空、远眺大海、极目高山雪峰，我们就产生了对世界敬畏的感觉，这些敬畏的东西把它综合到一块儿、加到一块儿，世界万物统统都包容进去，而且在这里边找到它的本质，找到它的规律，老子说这个就是『道』。道是一个终极的概念，是一个本源，就好像数学概念里边的无限大，到了无限大这里，你就到了头啦，你无法再往大里找了。而且它还是本质。这个东西既是思辨出来的、分析出来的，又是感悟出来的，因为你没办法说我拿了一个大道给大伙看，说这就是道，我找不到。但是道无所不在，什么都有。因为老子解释说：这个道啊就是终极，比如说我们问『道究竟是什么』这个话，就等于问道是道吗？因为道的意思就是世界的终极，什么都在里头了。

我们需要一个参照

这是一个终极的关怀。它不是通过寻找一个神仙、一个特异功能兼有者而实现的，它是从理念上实现，从理念推导出来的。我们看到的东西都是有限的，但是我们相信在有限之外还有无限，这很简单。其实这个是最容易说明白的，说时间是无限的吗？当然是无限的，因为你要说时间是有限的，说时间是二百亿年以前开始的，那这二百亿年以前的前边又算什么呢？说那是负N个年头？那么负一负二又负无限了，你还是无限。空间也是无限的，如果说空间是几万亿或者叫光年了，它特别大，它难道是一个铁框？这个铁框外头又是什么呢？所以老子是顺着哲学思辨的头脑，寻找到了这样一个无穷的根本，根本的无穷来。

寻找这个根本的目的是什么呢？第一个作用就是使我们获得非常巨大的一个参照。人们办任何事都有一个东西来

参照，就拿物理学『运动』来说，运动没运动要拿地球来参照，说我手在运动，要拿我手做参照呢，我就没运动，我手原来在哪里就是哪里。大概念是一个最重要的参照与依据。一般的人容易拿自己做参照，要拿自己做参照，他就很容易不满足、很容易生气，他就很容易看不清、看不明白这个事。但是如拿『道』做参照，情况就会有非常大的不同，就容易把一些事看得开、看得透、解得开。『解得开』在这儿应该念『xiè得开』。

老子说：道，『强为之名曰大』。这个道是很难叙述的，我很勉强地说：它第一个特点是无所不包，它是『大』。『大曰逝』，它又是不断变化的。『逝曰远』，它是变化的，它是无穷无尽的，可以永远地变化下去。『远曰反』，就是它在变化当中又不时地回归自身，回到此前变化达到的状态的对立面。像这样的一些性质的描述，你听着是有一点玄，有一点忽悠，但是你要自己细想一想，这个世界有没有这样一面。世界难道就是咱们这一百多斤吗？就是我眼前这点花草杂物吗？就是咱们在座的朋友吗？世界大得不得了，今年有世界，一万年以后还有世界，一亿年以后还有世界。有世界就有世界的总和与世界变化的规律，它就是道，有世界就有万象万物各不相同，却同处于世界上，有同一的规律与本质，这就是道。同样，世界的变化：有无、死生、兴衰、成败、盈亏、虚实、强弱，这样的变化之规律、变化之动力、变化之驱动程序也就是道。所以说，『道』这个玩意儿虽然说起来很玄，它确实是存在的。

『道』是世界与人生的主心骨

有了这样一个参照以后，第二个感觉就是说，我们还有了主心骨。想想看，一个人，俗话说一百多斤，五尺高，寿命一般叫做不满百，膂力、智力、视听等感觉能力都很有限。这不是很悲哀吗？然而，世界上还有一个主心骨叫做

『道』的在，它是永生的，没了地球，没了太阳系、没有了我们所在的银河系，它还在，它还能生出另一个地球太阳系银河系来。人生无常而道是常道。壮哉道也。

第三个感觉是，有了对于道的体悟，一切都有了定力，都有了定见，都不慌不忙了。一切都是有规律的，是有法则的，一切都在转化，一切都有希望，也都不必奢望。又是有希望的又是不能奢望的，也不能着急也不能慌乱。这让我们对待世界就有一种镇定，有一种定力。

外国人有一些很有趣的说法：碰到麻烦了，比如说金融危机，英语里有一个词叫face music，面对音乐，就是说得拿一切麻烦、一切噩运当交响乐乐章来听取。比如说你挨骂了，他说『干什么了？』『今儿个我听了一上午音乐。』音乐指的就是别人骂。开批斗会了，我必须face music。这个交响乐批斗会：你为什么不好好把这个工作做好了？我看你在找倒霉哪！这不也跟一个乐段一样的吗？那个算长号，你这个算小号，你这个算长笛。这话说得不太严肃、不太正规，但是它表达一个东西，就是说，从不同的参照系上看，很多事情的性质都会有所改变，都可能是小事情，你得有勇气、有把握来面对它。

因为我在新疆待过，我喜欢举维吾尔族的例子。维吾尔族有一个话，这话也不严格，你不能全听它的，但是它有一点道理。它说人生下来以后，除了死以外都是tamaxar，tamaxar一词的含义，就是玩就是欣赏就是观赏。它说死是不能观赏的，你观赏人家死这太没有人性了。你观赏你自己死，你也顾不过来，你捯气都捯不上来了。但是除了死以外，你都可以用一个观察的态度，都可以抱一个观赏的态度。那么『道』除了给你这样一个参考的巨大的参照系，使你一下子自个儿站得很高，把很多事都看得更有信心、更有把握之外，还让你禁不住观赏感佩于大道的伟大与神奇。都观赏感佩了，你也就不会焦躁不安了。我们中国有一个词叫淡定，你甭管这个事现在多麻烦多复杂，但是总有解决的那一天，总有解决的那个时候，有了这个所谓的淡定，比起惊慌失措，六神无主，不是会好一些吗？

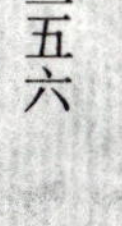

寻『道』可以增智慧

除了这个以外呢，『道』给我们的第四个感觉是它给你一种智慧。为什么呢？老子说关于道很难给它下定义，如果要给它下定义，它的特点是：大、逝、远、反。大，就是无所不包，叫做无穷大；逝，就是它不断地变化，不断地演变，永不停滞；远，就是说它是恒久的，它不是短期的、一时的，它的效用是深远的、长期的；反（返），就是说有很多东西它还又回到了它自身，回到了自身的恒常的、正常的、应有的状态。这和黑格尔、恩格斯他们讲的辩证法也是一致的，他们说万物的变化规律叫做『否定之否定』，先是变化的结果否定了自身。再是否定了那个否定，回到自身，例如一粒种子长成了麦苗，否定了种子自身，麦苗长大枯萎了，否定了麦苗，但是结出大量的麦穗麦粒，又返回到种子：更多更好也可能有所变异的种子。现代化、全球化向中华传统文化提出严重的挑战，几乎否定了中华文化。经过新文化运动，经过复杂与痛苦的过程，人们又从新高度上重新认识到弘扬传统文化对于实现中国的发展与进步的无法忽略的意义。这也是大、逝、远、反。大了才能包容，逝了才不保守，远了才稳得住，反了才避免片面与偏颇。

事物它总是有一个回归在更高的层次上、回归自身的这样一个过程。我们如果有了这个『道』的概念，我们看任何事情都会看得更立体一些，它不是单向的，用咱们北京话说它不『较劲』。较劲的这个『较』字应该是比较的『较』，

有人写文章写成叫喊的『叫』，那不对。它不是叫劲，而是比较的劲，就是双方不往死里掐。为什么它不往死里掐呢？因为任何事物有一个发展的过程，不用说辩论一个问题，有时候亲属之间为一件小事都能争执得面红耳赤，比如看电视里出来一个演员一晃就过去了，我说这不是那个演《天下无贼》的王宝强吗？结果我的孩子说这怎么是王宝强呢，你老了，你眼睛真瞎了。两人急了，这急什么啊，你过一会儿上网上查一查就行了。要是你两人较劲，他如果不是王宝强，我再生气他也成不了王宝强。如果他是王宝强，我这孩子他再跺脚，哪怕他再说我老，他再气我，说你看你都糊涂了，也没用啊。这个例子是非常小的一件事。可能有的时候较劲还发生在重要的事情上，那个时候可能人们不太容易说别较劲，或者应该说我们站在更高的高度上，把这个事看开一点。

老子的眼光与众不同

老子就有许多说法，比别人可以说更辩证一点。比如说我们现在常用的一句话，也是当年毛泽东主席最喜欢用的一句话，就是说『祸兮福所倚，福兮祸所伏』，有的地方文字版本不一样，有的把『兮』说成『上』，说『祸上福所倚』，这个没关系，我们不去讨论具体的文字，但是它讲的故事在中国古代早就有。这个故事说：塞翁失马，焉知非福。塞翁丢了马匹本来是一件祸事，但是想不到这匹马又回来了，而且还带来了一匹更好的马，它就变成一件好事了。有了更好的马本来是一件好事，但是骑马摔坏了胳膊或者摔坏了腿，摔出伤来了，这又变成一件坏事。摔出伤来了，这是一件坏事，结果打仗的时候他没有被抓壮丁抓走，保住了性命，这是一件好事。当然这是按当时『春秋无义战』的说法，当时并没有说哪一场战争谁就是最正确，谁就是最不正确的，他不分这个才这么说。要是现在这么说当然就很落后了，

说我宁可残疾我也不当兵，这个不能简单地来类比。所以老子在当时的情况下，提供的是一种智慧，他的这种观点就是比别人多绕了几圈，多看了几步。

有时候我们考虑什么问题往往是单向的，就这一条线，咱们俗话说一根筋或者钻牛角尖。可是老子告诉我们，这个世界上的思路有好几种，有从东往西的，还有从南往北的，还有高架桥还有地下通道还有快捷通道；还有可以绕一个弯，虽然路程远了，但是走得快也还可以到达。就是这样一种立体思维的思路。老子的思维是立体思维，不是线性思维，一条线不拐弯。这样一种立体思维的模式是当时的一般人所没有的，是儒家、墨家、法家所不擅长的，但不是完全没有，例如孔子也讲宁武子，『邦有道，则知，邦无道，则愚』的道理，而且说是宁武子的这种功力是他学不到的，他说他能学到宁武子的智，学不到宁武子的愚。比如孟子也讲『天将降大任于斯人』，先得让他受苦受罪。

你能看几步棋

有时候我开玩笑说：比如下棋吧，我跟我的孙子下棋的时候，我就看一步，看他那儿有一个马，我说太棒了，我赶紧把他的马吃了。但是我就没有看到我一吃他这个马，他把我的车给撤了。他也没看到他撤完我的车，我正好把他的将给将死了，我的炮正好下去将死他。这就是我跟我孙子下棋的水平。下棋下到这个水平，就互相要争，有时候就得悔棋，就得赖棋，北京话就叫『讹搅』。可是如果从老子的观点上来说，世界上很多好事你要把它往坏事方面想一想，坏事你要把它往好事上想一想，或者好坏之事又变成一个坏好之事、一个又可能往这边变又可能往那边变的事。这一想他就多看了好几步棋。所以我就说，一般臭棋、像我这种人下象棋，只看一步，国手他看三步看五步就不得了了。

可是老子也许能看到七步，也许能看到八步。

谁也做不到从胜利走向胜利

还有许许多多这样的例子，例如我们有一句话，实际上是从外国引进来的，就是说『失败是成功之母』。很多事恰恰就是在失败当中酝酿出成功。我们在『文化大革命』的时候背语录，都记住一个词，毛泽东主席有一句很有名的话说：斗争、失败、再斗争、再失败、再斗争，直至胜利，这就是人民的逻辑。捣乱、失败，再捣乱、再失败，直至灭亡，这就是反动派的逻辑。我年轻的时候看这个老别扭，我老觉得它不对称，不对偶，一念这个语录，我的第一反应是：怎么人民也失败，反动派也失败？两家都失败？最后怎么人民硬是胜了，可反动派就笃定败啦？如果是捣乱、失败，再捣乱、再失败，直至灭亡，这是反动派的逻辑；斗争、胜利，再斗争、再胜利，直至最后大胜利，这是人民的逻辑。这样多好！我研究这个特别地费劲。我老想给毛主席语录改一下，改成：人民，斗争、胜利，再斗争、再胜利，直到『完胜』。那边呢，反动派，捣乱、失败，再捣乱，再失败，直至灭亡。两边一对仗，比都失败也更工整一些，骈体文骈得更完美一些。当然，这只是字面上的考虑。

看了《老子》以后我明白了。这个很简单，看一下中国革命史就知道，中国革命史恰恰不是一个胜利再胜利，再胜利，那是俄文修辞的说法，俄文喜欢讲『从胜利走向胜利』。咱们想想：从胜利走向胜利，全世界有这么便宜的事吗？咱们哪个人这一生是从胜利走向胜利的？恰恰常是办这件事失败了，办那件事失败了，但是如果你的方向正确你做得好呢，它最终是胜利的。比如说居里夫人不是前边全失败了吗？她如果一上来就从胜利走向胜利她就不叫居里夫人了，

也不值得我们那么敬佩她了。科学也好、革命也好、建设也好，许许多多东西都是从失败走向胜利。所以说起来是一个非常简单的道理，但是实际上你常常做不到，你做不到像老子这样把这个世界上的事物看得那么有可变性，是可以变易的，是可以塑造的，它有可变性，有可塑性，所以『大、逝、远、反（返）』，这个本身就给了我们许许多多的智慧。

『道』是哲学，也包含着信仰

这样一个对于『道』的感悟对于『道』的理解，还给了我们一个东西，就是它给了我们一个信念。关于道的论述里，我认为有百分之八十是理性是思辨是智慧是逻辑，但是它还有百分之二十是信仰。为什么呢？因为道本身不能够简单地用科学实验的方法或者用数学计算的方法来求解，你不可能加减乘除、列一个式子，或者提供一个实验室的报告。所以这里还有一个从你自己的思想上情感上得出的结论，这就是我开始讲的时候一上来就先说的人对世界有一种敬畏。作为有限的个体，对于无限的世界、对于永恒的时间、对于无限的空间、对于无限大无穷大，你有一种敬畏之感。这种敬畏最后归结为道。这一点是相当不错的。因为如果走一般宗教的路子，把世界的本原说成是具有神性的人或者是具有人性的神，这个世界里有好多东西不好解释，各种宗教里都有所谓的烦琐争论，例如捷克作家米兰·昆德拉就在小说里大谈耶稣究竟要不要上卫生间。

怎么样去总结一下『道』呢

这个『道』呢，你说它有就是有，它是本质，它是本源，它又是全部，它是具体的，所以老子讲『和光同尘』，就是说把你的光芒要适当地压低一点，你要和尘世的生活、世俗的生活、日常的生活接近一点。像这样的一个『道』

他说是无所不在、无所不通的，用现在电脑的语言就是：如果你要想通了这个道，以后你就会感觉到我们所有的这些人，包括咱们设备很好、信誉很好的BTV北京电视台或者是中央电视台或者是湖南电视台，所有这些东西都是「大道」的一个下载，道本身下载下来了就变成了一个人。因为你的人、你的一切都是符合关于变化、关于存在、关于自己自然而然的运动、关于返回自身这样一些规律的。外国人也讨论，说这个道到底是什么？他最后翻译来翻译去，翻译不出来，「道」直译就是TAO，很像小沈阳说：我中文名字叫小沈阳，我这个英文名字叫小～沈～阳～。对于道的说法非常多，要往细里研究，就是老子本身在他的这本书里，也不知道说了多少次，他说「道」和「无」和「有」的关系，因为一说要把万物综合起来的话，那么可以是综合成「有」。这是最明白的，反正什么东西都有，但是「有」这个东西又永远会变成「无」。任何的「有」，反正你看得见的你知道的「有」都会变成「无」。他可以从「有」和「无」的观点上来综合这个道理。他还可以从「天」的观点讲「天道」，因为世界上我们看得见的东西里头最能够和我们对「道」的理解及心情接近的，就是「天」——我们仰头一看无所不包的「天」。古代还没有什么银河系、太阳系，还不知道有这些概念，所以它又和「天」的概念相一致，它又和「大」的概念是相一致，它又和根本、终极、本质这些概念相一致。

外国人也讨论「道」到底是什么，有的人认为最接近的就是拉丁语的「逻各斯」，逻各斯就是指一种道理，一种规律、逻辑。我们可以归到一个和我们的思路接近的地方就是真理，因为真理你也是看不见的。每个人都可以宣布自己发现了真理，是真理的化身，这个是可以的，你觉得真理是存在的，否则怎么会又有社会又有个人，又有仁人志士又有学

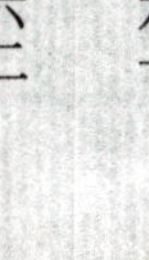

问家科学家，有爱因斯坦有居里夫人有老子孔子有苏格拉底有柏拉图有马克思，都在寻找真理，都在那里追求真理？所以归根到底这个世界有它自己的道理，世界有它的必然性，有它自己的发展，自己的这么一套，所以这是一种信念。当你有了这种信念以后，你忽然觉得你自己就变大了，变得通达，变得不是那么抠抠搜搜，不较劲了。我最怕人整天为一些小事嘀嘀咕咕，又害人又害己；跟自个儿的孩子也嘀嘀咕咕，跟自己的父母也嘀嘀咕咕，跟本单位的人更是嘀嘀咕咕。能够有这么一种精神的依托、精神的支撑，而且成为一种信念是好的。

不争与共享

我们不能简单地说中国人缺少终极关怀或者是缺少宗教观念、宗教情怀，在老子的「道」里头实际上寄托了中国先秦时期人们对终极的一种追寻一种敬畏一种赞颂一种歌颂一种依靠。有了道的观念还非常有利于提升我们自己的精神境界，使我们站得更高，能够超越嘀嘀咕咕、超越流言飞语、超越小名小利、超越自我。我们可以看看老子的境界，我随便举一个他的论述的例子，我们想想他的境界是什么样的。比如说他说：「夫唯不争，故天下莫能与之争。」就是说我这个人与世无争，尤其是争名夺利的事我绝对不干，可是越是这样就越没有什么人能够和他争。因为你想和他争，他说我不争，他说你要争名和利，那么名和利就归你。但是我对道的体悟归我，你抢不去；我的学问归我，你抢不去；我的人格归我，你抢不去；我的水准归我，这个你抢不去。所以一个真正有自信心的人是不愿意和人争名夺利的，他是不愿意蝇营狗苟的。老子的「夫唯不争，故天下莫能与之争」这个话让人真是受用无穷。

咱们这么说，我跟各位说实在的，这个东西也不能说是绝对的，「夫唯不争，故莫能与之争」，你上超市买东西

他少找你两块钱，你说这个我也就不提了，他也不会跟我争。那当然，他多收你两块钱他跟你争什么，是不是？这不是绝对的，有些事你也可以说明一下，可以干点什么，但是从总体来说你要抱一个不争的思路。老子也有老子的毛病，他喜欢讲一面理，针对孔子孟子：你越提倡什么我就越反对什么。所以说到「不较劲」，其实老子也有老子较劲的地方。

把你的时间精力投放在什么地方

想想这一生你可以把你的智慧才华精神放到多少有用的大事上，我最悲哀的就是我们的国人、咱们亲爱的同胞，往往不是把这些放在做好自己的事上而是放在人际关系上，你到一个单位先考虑不了你怎么把这件事情做好，首先要考虑你怎么样处理好人际关系。我觉得这个实在是我们的一个悲哀，所以这个「夫唯不争，故莫能与之争」一下子就可以在某种意义上改掉我们这个所谓「窝里斗」的恶习，可以把一个人的精神、智慧、学问用到正事上。

我有我自己的一种解释，自古以来对于天才有各种各样的说法，一种说法最简单也是大家都很信奉、我觉得也讲得很好的，说「天才即勤奋」。这话当然说得好，天才你不能光靠你妈妈生你的时候给的那点儿本钱，你得天才即勤奋；还有一种说法是：天才是一份的天分加九十九份汗水。这个说得也非常好，但是我要给它定一个个人化的个性化的定义，我说天才就是集中精力的本领。很简单，能把你所有的精力集中在某一个两个点上，你肯定再笨也能把这个事办好，能办得比别人出色。所以这个「夫唯不争，故莫能与之争」，如果我们要好好地领会，真是终身受用不尽。还有，你争，有时候你争不来啊！咱们实话实说，什么事你争就能争得来吗，是不是啊？有时候你的争其实暴露了你自身的许多弱点，你丢人！你争得挺丢人，你争得出丑，你争得致气，你争的结果还能使你的细胞恶化。所以老子讲「夫唯不争，

故莫能与之争」这里头有着非常高级的境界，一个提升的作用。这一句话实际上提供给我们的是一种大智慧。不是说简单地不争吵、不索取，而是给我们一种平和的心态，然后让我们可以不仅仅是集中精力做事，还可以生活得很快乐。

我想这是一个说法。

老子还有一个说法，他说「既以为人己愈有」，就是我用我自己的东西为别人做事，越为别人做得多，我也就越为自己做得多，因为为别人做事这就是我所要做的事，所以「既以与人己愈多」，我自己有的东西我从来不吝啬，我从来不是光知道自个儿帮自个儿来搂，而是愿意赠送给旁人，愿意帮助旁人，愿意请别人来使用，叫做share，叫做分享，其实中文的说法更好，叫做共享。能共享了的话我就得到得越多。这话其实也很简单，但是做到并不容易。你帮人也是帮己，这不是很简单嘛。这很普通的一个道理，很容易说得通，人总是爱互助的，有很多事情你帮助别人、替别人效劳了，说老实话这不起码你赢得了信任赢得了友谊，你可以说你得到的是比你付出的更重要更高级更美好的东西。所以老子这种说法的境界都比一般的人高。

回到婴儿状态去

我曾说老子也有老子的毛病，他喜欢讲一面理，很有个性，而且他还喜欢逆向思维，你这么说我偏那么说，所以尽管说不较劲，其实老子也有老子较劲的地方，他有这一面。他特别提倡他认为最高的境界，最高的境界是什么呢？提出来也许我们会觉得很不可思议，他说「复归于婴儿」，就是你能够变得跟一个婴儿一样的单纯，能够没有那么多的欲望、没有那么多的要求，你能够那么样的朴素那么样的真诚，你也不动心眼儿你也不会算计谁。他说人如果最后

能够保持像一个婴儿一样的境界，这是最好不过的。我想完全婴儿化也不行，这个操作有困难，比如说今天咱们的这个讲座最后变成婴儿节目，那得需要许多母亲抱着听众前来，还有生存问题，最后成为一个老婴儿在这儿讲老子，完全做到不容易。但是从某种意义上我们可以从正面来想这个问题。

他在号召什么？人应该保持某种纯洁甚至于保持某种天真，你七十岁也好，你八十岁也好，你看见路上一朵花开放会不会感到愉快？你见到天很热天很干旱，一场雨来了会不会觉得特别爽气特别舒服？你见到一个老朋友是不是能够兴奋得起来？甚至你在报纸上看到一首好诗能不能为这首诗而吟咏赞叹甚至于击节称善？起码你得有几分天真。如果你这些东西都没有了，如果你一点那种纯洁的天真的信任的真诚的东西都没有了的话，这个也是怪可怜的。想想看，一个没有任何天真的人，他或她的生活还能有多少乐趣？所以老子所提倡的这样一种被大道所武装起来的，被大道所帮助了的人的这种心情、这种境界，并不是一个高高在上的甚至于是带有压迫感的高度，而是一种和普通人一样的、甚至于是和婴儿一样的带着天真带着快乐带着好奇，尤其是带着对世界的信任的境界，而不是对世界充满怀疑和仇恨。

我觉得要是能做到这一点也是非常不容易的，我们每个人都有和儿童接触的经历，无论是别人家的孩子还是自己家的孩子，他们在从三岁到六岁的儿童阶段就有这样的特质，比如说好奇，比如说对他人的信任和对其他从来没有接触过的事物的欣喜；家里来了陌生人，他也会特别地高兴。可能我们现在的人因为生活压力太大了，节奏也比较快，有一些事情就变得司空见惯了。我们小的时候，看见花开了会有一种欣喜的感觉，现在可能看多了，看着花摆在这儿就好像这里什么都没有一样。

又精微，又模糊

所以老子的精神境界、他的这个『道』还有另外一面，除了『一曰大二曰逝三曰远四曰反』以外，他讲它是『夷、希、微』。

『夷、希、微』就是说道又是非常精细的一个东西，你看不一定看得见，你听不一定听得到，你摸又摸不着。他还说：『道之为物，唯恍唯惚。』就是说它具有一种模糊性、具有一种似有似无的状态，这也是一种非常高级的思维。表面上看很容易觉得这个有问题，『五四』时期我们有很多前贤就很嘲笑这种说法，因为那个时候我们希望我们国家更重视的是科学，科学要求清晰要求具体，准确精确定量定性，什么什么东西含多少毫克，或者是多少国际单位，还有特别小的纳米等类似于这样的概念。但是老子说的『恍惚』就是又像在又像不在，这里头有两个智慧上的价值：一个是把有和无结合起来，不要认为什么东西有就一定是有，有还能变成无这样的例子太多了；也不要认为无就一定是没有，无也可以变成有。这种关于『恍惚』关于『夷、希、微』的概念有一个很大的好处是给了你一个选择的空间，就是世界上不管是什么事情都是有选择的余地的，它是有弹性的它是有空间的它是有灵活性的。在灵活性这一点上，我们中国人应该说得老子的好处非常大，我们中国人做事如果有什么毛病的话，就是有时候我们太精明又太灵活。有人开玩笑，说是比如一个中国人和一个日本人在饭馆里头打工，老板说这个碗要用洗洁精洗三遍、然后用清水洗四遍才算干净，这个日本人只要不把他解雇他就是三遍四遍老这么洗；要是遇到中国人，他头一个礼拜那个三遍这个四遍洗得挺干净，老板对他挺满意，第二个礼拜他很可能前边两遍后边三遍，到最后剩一样一遍了，他瞅着挺干净，他还可以说不用洗

洁精我就直接拿自来水『唰』一冲、拿布一擦，得了！

有这种毛病也有个好处，好处是什么？就是说『道』它是唯恍唯惚，它是有空间的，它的内容也是可以给它定义的。你可以在这个大的概念不变的情况下给它不同的定义，所以很有意思。

解读概念与改革开放

就拿改革开放来说，一个是英国的原首相撒切尔夫人，一个是美国原来的国家安全顾问布热津斯基，他们都说东欧、苏联的改革多半会遭遇危险，而中国的改革很可能成功，因为中国的文化有一个特色。他没说这个特色是什么。要是我理解呢，就是在对大的概念的敬畏和向往当中给我们留下了给它定义的可能，给我们留下了选择的空间。他们的说法是可供参考的。而老子（其实还应该加上庄子）的关于恍惚关于混沌关于空间关于用一个大概念一个巅峰概念之后又留给我们给它定义的可能这样的一种智慧，在全世界也是罕有其匹的，你很难做到像他这样。所以既能够有一种对世界的本质和本源——『道』的这样一种信念，又有一种随时给予新的定义与时俱进——最早是庄子说『与时俱化』——的发展变化的余地。你能够有与时俱化、与时俱进的不断地更新和不断地追求的这样一种可能性，我觉得这也是我们中国的文化、中国的智慧非常可取的一点。关于『道』的特性部分我们就先说到这儿。

寻『道』是不是宗教信仰

我还想和大家探讨一个问题，就是中国人对于『道』的信仰和宗教到底是一个什么关系。我们知道世界各国都有在文化中占有重要地位的宗教，这些宗教在它最初的时候往往是通过一个所谓使徒，就是上天的一个使者，比如说基督教

就是耶稣基督，佛教就是释迦牟尼。通过这样的一个使徒——他有超乎凡人的、有神性的一种觉悟，而且有事迹，他们往往在传教初期的时候都有比如说治愈病人，使残疾人、使瘸子能够走路，使瞎子复明这样的伟大事迹，然后他们所代表的这个具有某种意志的一个神，也可以说是具有某种人格的神——有神格的人来寻找人格的神。比如说耶稣就要讲耶稣是上帝的儿子，我们在基督教堂里会看到大量的耶稣、圣母还有耶稣的一些弟子的形象。可是你看不到上帝的形象，但是上帝又有一个儿子，这儿子是耶稣，那么说明上帝他也具有人格的一些特色，否则怎么会有儿子呢？释迦牟尼成为了佛，他本来是印度的一个王子，他在菩提树下修炼觉悟静坐分析研究，最后他成了佛，他等于也成为世界的一个主宰。所以说对神的理解，英语里祷告的时候不见得每次都说上帝，他说的是 My Lord，就是『我的主』，就是给我们的人间、给我们的世界找一个主人。有人批评贬低说中国文化缺少终极关怀，我个人觉得这样一个批评起码只是事物的一面，因为它有另外一面，我们中国找的神不是一个人格的神，也不是一个神格的人，或者简单地说既不是人神也不是神人，是什么呢？是概念之神、概念之巅、概念之高峰、概念之无限，所以我说的是概念之神。这个概念之神恰恰就是『道』，而且这个道还不仅仅限于『道家』，因为孔子也说过这个话：『朝闻道，夕死可矣。』就是说道是一个最高的价值，人生活的一辈子就是要找这个道，我找着道我活不活都无所谓，其他的吃饭穿衣娶妻生子这都很次要，也没什么了不起，有也好，欢迎，没有也没有关系；我要找这个道，我活这一辈子我要学道我要悟道我要研究这个道。所以他要找这个道。

寻找大道的过程乃是一个命名的过程

老子呢，他更把『道』理解成一个至高无上的概念。那么道是怎么来的？这个也特别的有趣，也是我个人非常有

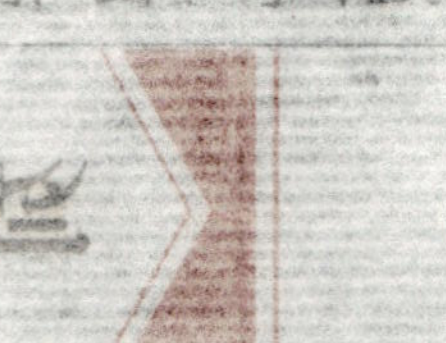

兴趣的一个问题，这些问题都比较抽象，说了大家也许不是特别喜欢听，我说一下：找『道』的过程是一个命名的过程，所以老子一上来把道和名一块儿说。道是一个命名，命名是什么？就是一种概念、一个名称，我们中国人认为这个事情有了名了，也就说明对它有了一定的理解，有了认识了，可以说是某个事物有了归属了。比如，我们是人，凡是我们这样有四肢、直行、一般情况下会说话、有一定的头脑和理性、有自我的意识也有社会生活的，是人。这一个命名就代表了许许多多我们对人的认识。我们既然是人，我们又要以人为本，如果连什么叫人都不知道，你哪谈得到以人为本了？把人和其他动物合起来，我们又命名叫动物，动物和植物合起来我们叫生物，生物和无机物合起来我们叫物质，物质和精神合起来我们叫世界、叫宇宙或者叫人间。我们把世界宇宙人间所有的这些东西都合起来叫什么？叫『道』。所以这是一个命名的过程，你能命这个名，你就找到了它。

所以中国人重视这个名，现在我们也重视这个名，孔子为什么要正名？因为名不正则言不顺。给一件事情起的名就不对，你能够正确地认识它吗？为什么邓小平领导中国改革开放的时候首先要平反很多冤假错案呢？把历史上的许多的积案要改过来呢？你不改过来，你的名改不过来，很多事情都办不成。所以我们这个『道』的产生我觉得是非常有趣的。这是与世界上那些、当然中国也有的那种类似的民间宗教——就是靠奇迹靠个人的奇迹靠神人靠跳大神靠——那是民间的——扶乩不同；但是作为中国的士人、中国的知识分子、中国的精英，他们很喜欢就从概念上找这个神，就是有哪个概念、哪一个神，它管理一切它掌管一切它涵盖一切。它是通过一个命名的过程最后找到了这个『道』，使这个『道』变得无懈可击，使这个『道』变得你不能不相信它。为什么呢？因为道和终极和道理它是同义，究竟什么是道？终极就是道。到底什么是道？那么我告诉你：道就是到底，到了底儿了就是道！

第二讲　道法自然

人要像地一样有所承担

老子《道德经》里边有一段特别重要的话，有些人是把它当作核心的话来理解的，就是『人法地，地法天，天法道，道法自然』。这个『法』的意思，我觉得一是说树立了师法的榜样：地给人树立了榜样，天给地树立了榜样，道给天树立了榜样。还有一个意思就是要遵从它的规律：地要遵从天的规律，天要遵从道的规律。这是挺有趣的一个说法。它提出了世界的五个最大的方面，可以称为五个维度：人、地、天、道、自然，五方面并不是各行其是的，他提出了五方面的师法与一致的关系，总结了五个方面的基本规律。

首先我们就文字本身来说，『地』一般就是指我们生活的大地，那时候还没有地球的观念，但是有土地的观念，就是我们人活在世界上要服从、要适应『地』的种种规律。比如说农事，不同的土壤要有不同的选择；比如说衣食住行，不同的地面有不同的设计与方式；比如说水利，不同的地区也有不同的举措，有的地方有温泉，有的地方挖深井，新疆吐鲁番是坎儿井……都是按照地的特色与规律来办的。

天地的道化或道德化

另外中国人把『天地』这些东西都道德化，从《周易》的时候就说地的特点是『厚德载物』，就是说它是可

以承担的，它是可以养育众生的。这也是事实。所以我们现在有一种说法：地球母亲，地球就是我们的母亲，所以人要像地一样地能够承担，能够养育自己，能够养育别人，而且要按照地的规律来决定自己的取舍、自己的行为。天又是无言的，孔子说，天何言哉？天吗话不说，该做的事都做了，四时行焉，万物生焉。这么一分析也很理想。中国思想的各派各家，几乎都认定既然人是生活在天地之中的，就要师法天地，与天地相结合相一致。这个说法虽然朴素，却很可贵。

那么地也要注意要很好地领会天时。天决定地的面貌，雨多的地方有江河湖海，干旱大风的地方有戈壁沙漠，天冷的地方长寒带的动植物，呈现寒带的地貌，天热的地方长热带的动植物，呈现热带的地貌。另外天往往和时间的概念联系在一起，天本身一是它代表着时间，一是它有阴晴寒暑风雨雷电，有春夏秋冬的变化。四季变化应该说是天与地的合作的变化，起决定作用的仍然是天的功能，决定于太阳的公转嘛。另外中国人还常常把天和命运结合起来，认为天是高于一切的，天意就是宿命，就是不可抗拒。天决定你的事情的兴衰成败，所以这地上的一切首先得符合天时。如果它已经到了衰亡期了，你再使劲也解救不了了。明朝的亡国之君崇祯——朱由检，很努力，但是他的气数已尽，『天』已经离弃了他，他的努力毫无效果。

『天法道』的观念很有意思，因为『道』相对来说比较抽象，好像人、天、地是很具体的，而天和地之外还有一个更根本的东西、还有一个更久远的东西、还有一个更高的东西，这个东西就是『道』。这一点应该说也很了不起，古人那时候并不知道天上的这些星星分多少种，不知道所有的天体也有自己的寿命、有自己的形成与新生、有自己的青年时代，有自己的衰老，甚至于有自己的灭亡。古人没有这个天文学的知识，但是他认为并不是到了天就到了头了，他认为天也好、地也好、人也好，它都要遵从『大道』这样一个最根本的世界运转的规律。应该说这真的是非常了不起，这就是智慧。

经验达不到的地方智慧却达到了

老子那时候出门的交通工具是骑着青牛，还不是马，牛比马的速度还慢，他不可能坐飞机，所以他不可能对地理有很多的了解。老子能想到，在这个天与地之上还有一个更根本更永恒更无穷的东西，他深究到天与地都是有形的，基本有形的，而一切有形的东西都有自己的存在与消亡的恶化过程，那么比有形的东西更高更抽象也更概括更根本的东西是什么呢？给一切的有形以规范、以驱动、以能量、以意义的东西是什么呢？就是『道』。

这就是靠智慧所达到的，它说明经验所达不到的东西智慧有可能达到，感官所觉察不到的东西，思维与语言可以推测到、认识到。认识可以做到超前、预见，可以升华人的经验。同时，这种超越性也可能走火入魔，走向反面，变成荒谬的胡思乱想，变成疯狂的谵语，变成自找苦吃，自取灭亡，变成人类的灾难。

自然就是自然而然

『道法自然』这个事稍微费一点劲，我个人的理解是：『自然』这个词在我们今天的说法就是大自然，就是先于人类、未被人类的活动所改变的一切。在古代它或者可能部分地包含这个意思，因为先秦那个时候，我们的诸子百家也好，一般人也好，还不熟悉自然与文化的分野。老子所说的自然，它更多包含的是一种状态的意思，它更多的是作状语或

[illegible]

[illegible]……我个人的理解是……大自然……[illegible]

自然就是自然而然

[illegible]

[illegible]……就是"道"。

[illegible]

这就是智慧。

[illegible]……"大道"……[illegible]

[illegible]……还有一个更大的东西，还有一个更高的东西，这个东西就是"道"。[illegible]

"天法道"的观念很有意思，因为"道"……[illegible]……人、天、地……[illegible]

"天"已经……[illegible]

[illegible]

[illegible]

中国思想的各派各家，几乎都认为人是生活在天地之中的……[illegible]

[illegible]

谓语用，而不是作主语或宾语用。就是相当于我们现在说的『自然而然』。它自己就是这个样子、自己运动，唯物主义讲自己运动就是物质世界是自己在那里运动，并不是你让它运动它就运动，你不让它运动它就不运动。唯物主义者还主张，物质的运动是自己运动，并不有待于上帝的最初推手。

所以自然呢，它也包括了天地万物、世界在里头，都是自身在运动而不是外力让它运动。所以『道法自然』首先的一个意思就是『道』是自己运动的，是自然而然地在那儿活动的，它是不听命于任何的外力的。另外它也包含着它是无所不包的大自然这个意思。

所以我们从『人法地，地法天，天法道，道法自然』这一连串的推论来说，确实看到它强调的是世界万物互相之间这样一个师法关系，它是一个和谐的关系、一个统一的关系，实际这个话里头已经有『天人合一』这样一个思想的萌芽，虽然他没有用天人合一这个词。因为人是地的产物，是在地上生长的，所以人做一切事情要注视、要倾听地的声音，要看地的变化，得随时根据它来调整自己的选择。地呢，它上面还有天，它要跟随着天走。所以这是一个和谐的说法，这又是一个很有趣的说法。民间常常讲『和气生财』，一路师法下去，就能做到人—地—天—道—自然的和谐与一致。

在老子这儿又不仅仅看到了天、地、人即俗话说的『三才』，他还看到了道和自然，所以我们也可以说到了老子这儿，『天地人』的这个三维说法变成了『天地人道』一个四维的说法了，甚至于是『天地人道自然』一个五维的说法，这个就更高级了。

相信自然而然是人民的共识

我说过『道』是老子的概念之神、是老子的概念之巅峰、是老子的概念之王，你什么东西到了『道』这儿都得服小，你都得听『道』的。但是在这里老子很惊人地提出了一个『自然』比『道』更高的观念，就是说任何事情自己运动、自己发展、按照自己的规律来办事恰恰是道的精髓、是道的核心、是道的根本，就从根本里头又找根本。『道』已经是根本了，没法再根本了，但是从根本当中还能再找出一个根本来，就是『自然』。所以老子的『自然』这两个字不管你怎么理解，理解成现在的大自然也可以，理解成自然而然也可以，把它既理解成大自然又理解成自然而然也可以，它都是极其有价值的。这样一种说法我们可以把它当作老子特别精彩的一个智慧的奇葩来考虑。

我们也可以看到，其实我们老百姓在很多地方吸收了这样一种观点，它也是我们老百姓的常识、我们老百姓的共识。老百姓当中有很多俗语很多谚语体现的都是这种精神：比如说『瓜熟蒂落』『水到渠成』，瓜熟了以后，自然它从根蔓那里就断下来了，如果还没熟，你别急着去摘，那就叫『强扭的瓜不甜』。你扭了半天大力士都上去了，不行得动刀往下割，那样的瓜还没有熟，不会好吃的。最好你晚一点，你那么急干什么啊！它熟了以后就蔫了脆了，你稍微一碰甚至你不碰都掉下来了，当然晚了一点会掉下来摔了，那是另外一个问题。智慧来自生活。这个世界总是给人以智慧，给人以灵感。所以说你法什么，我法什么，它还有一个启发，就是说从世界获取营养、从世界获得学问，我们这一辈子就是要请教天地，请教自然，体悟大道。

中华文化也特别地讲究『师法自然』。我们的绘画理论都讲师法自然，不管你表达多么崇高的思想，但是这个

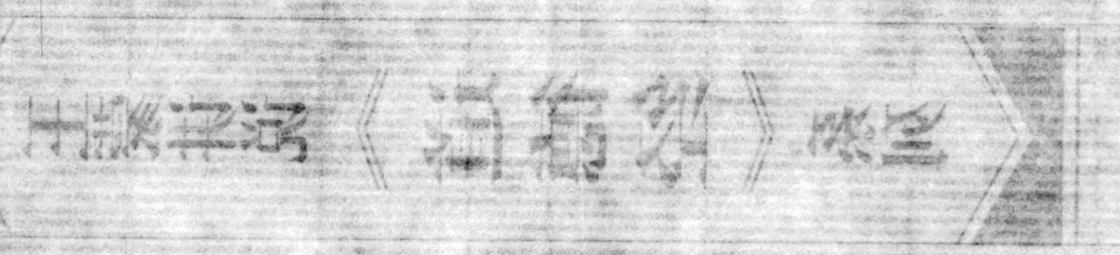

灵感是从哪里来的呢？是从大地上来的、是从花朵里来的、是从动物里边来的。我们的书法也讲究师法自然，一个书法家他的字为什么写得很有气魄很有力量呢？因为他登过泰山、登过黄山，他走过黄河，他跨过长江，他见过大海，他见过各种各样的动物植物。他从动物植物上体会了各种动态静态的几何结构、运动的风姿，很多人说他喜欢书法是从大自然找到了灵感。甚至于咱们的中国功夫，形意拳是我小时候特别希望能练的功夫，但是我至今一事无成。功夫它也是师法自然，猫窜狗闪蛤蟆功螳螂拳猴拳鹰爪虎跳豹子蹿，从自然上得到启发、得到灵感。就是说人的灵感是从世界得来的，这一段可以说是老子最唯物的说法：从自然得到灵感、从世界得到灵感——我们也是最容易理解的。

为什么说车到山前必有路

还有老百姓有一些说法，比如『车到山前必有路』，就是有一些事你不要过于焦虑，一时没辙，那是没到时候，时机尚未成熟，要发展到一定阶段才能想出解决应对的办法。咱们北京人有一种非常普通的说法：到哪儿说哪儿——当然这个话也不完全对，咱们别抬杠，一抬杠我就不能说话了，每一句话都有不完全的一面——你应该有预见，应该早看几步，但是你既要有预见又不能过于焦虑，到时候自然有办法。所以叫『车到山前必有路』。

还有一个很片面的说法，但是它也有可取的一面：有时候，我的上一辈人见到什么人埋怨说，自己的孩子功课不好，说这孩子太贪玩，喜欢弹球儿。那时候没有别的，喜欢弹球儿、喜欢看小人书，如我的姥姥、祖母这一代人她们就会说『树大自然直』。就是说他处在一个成长的过程当中，在成长到了一定的程度后他自己就会有所调整。这对我们现在的人教育孩子也是很有启发的。

养生医学也讲这个，所谓『自愈』就是有很大一部分病是你好好休息休息、多喝一点水是可以自行痊愈的。有时候医疗过度、医药过度就违反了『道法自然』的规则，所以自愈的观念也是这样的。

反过来说，我们也有一些说法，如『多行不义必自毙』，你老是做坏事情你遭恨，不是很简单的吗？你的朋友越来越少，你的敌人越来越多，你给自己制造的麻烦困难越来越多，所以『多行不义必自毙』。还有一个词『自取灭亡』，说灭亡并不是由于对手把他搞灭了，是自己把自己灭了的。这里边都包含了相信自然而然、重视自己运动、重视自己变化的含义。我相信这些东西都和老子的学说有关系。

共产党喜欢讲理论，这个理论和老子的学说也有一致的。比如说共产党一再提倡人民群众要自己解放自己，因为你不能等着别人送给你解放。『解放』不是礼物，不是一瓶酒，我送给你，你就解放了。应该你自己能够把自己的思想枷锁打碎，应该把你自己的各种各样的偏见、愚昧和没出息的想法打碎，这样你自己才能做到你应该做到的事情。所以『道法自然』的说法也是表面上看非常的简单，但是实际上它非常的有道理。

理想的政治是自然而然地做事的

有一些事不要老是从人为的或者从外物的角度上找原因，老子在《道德经》第十七章里还讲到，当时的君王、当时的侯王和圣人——不是那个猴，是诸侯的侯，侯王和圣人如果把国家治理得非常好的话，老百姓就会说他『功成事遂』，就是你所有要办的事业都达到了目的，『遂』就是顺遂、遂愿、符合，都很顺利，符合愿望。『百姓皆谓我自遂"，就是你所需要办的事业都达到了目的。"遂"就是顺遂、遂愿、符合，就是顺利、符合愿望。"百姓皆谓我自然"的"我"是指主政者——不是那个"我"，是指君王的"我"。君王和圣人如果把国家治理得非常好的话，老百姓就会说"一切成[illegible]

[illegible]老子在《道德经》第十七章里还讲到，[illegible]

理想的政治是自然而然地做事情的

所以"道法自然"的说法也是表面上看非常的简单，但是实际上它非常的合道理。

[illegible]应该把你自己的各种各样的偏见、要求和欲望[illegible]统统打掉，这样你自己才能做到你应该做到的事情。

你不能靠着别人送给你解放。"解放"不是恩赐，不是[illegible]，我送给你，你就解放了。应该靠你自己[illegible]

共产党喜欢讲群众，这个跟老子的学说也有一致的。比如说共产党一再提倡人民群众要自己解放自己，因为[illegible]变化的含义，我觉得这些东西都和老子的学说有关系。

[illegible]并不是由于对手把他搞下了，是自己把自己灭了的。这里边都包含了一种相信自然而然、重视自己运动、重视自己[illegible]。你的敌人越来越多，你给自己制造的麻烦和困难越来越多，所以"多行不义必自毙"。还有一个词"自取灭亡"。

反过来说，我们也有一些说法，如"多行不义必自毙"，[illegible]

[illegible]"道法自然"的规则。所以自食恶果的观念也是这样的。

[illegible]

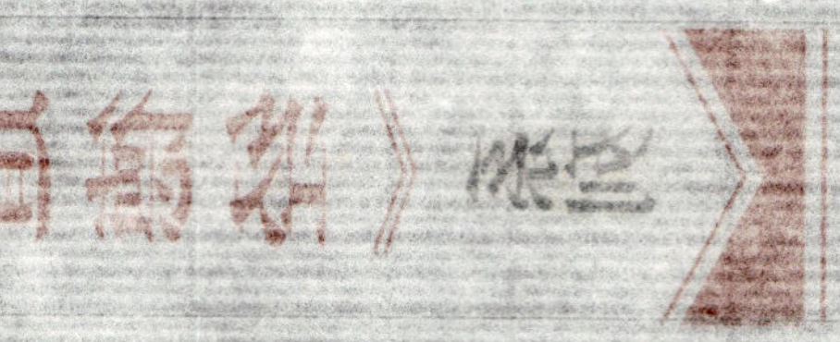

说"树大自然直"，就是说他没有在一个成长的过程中，在成长到了一定的程度后他自己就会有所调整。这对我们现[illegible]

[illegible]

[illegible]所以要"车到山前必有路"。

[illegible]

这有古话[illegible]"车到山前必有路"，就是有一些事不要过于急躁[illegible]

为什么说车到山前必有路

[illegible]

[illegible]这一段可以说是老子最精彩的说法，从自然[illegible]

[illegible]是从大自然找到了灵感。[illegible]

[illegible]

然』。这个『我自然』是什么意思呢？就是老百姓说这是我干成的，这是我自己要干成的。什么是最成功的政治呢？就是把领导的或者是政治家的——在当时来说谈不上领导谈不上政治家了，就是君王的那种意图变成了老百姓的愿望、变成了老百姓自己的利益，变成老百姓自己去把它做成，而且做完了以后，老百姓相信这是我们把它做好的，是我们愿意这样做的。

所以这也是一个自然之道，这可以说是老子的一种理想政治，不是靠你苦口婆心、不是靠你耳提面命、不是靠你手把手地教，而是老百姓自己把它做好。当然这里也有理想主义的一面：世界上有很多事情，既然什么都强调自然而然，咱们谁都甭管了，就让它自然吧，『非典』来了，甭管它，它自然而然到时候也就没了。那是不可能的！为什么我说老子不能当饭吃呢？您要真正拿这当饭吃，说以后咱们大家什么事都不干，上班时间每人一杯茶就在那儿喝茶，然后拿一本王蒙的《老子的帮助》看一看，然后你又领工资，这世界上没有那么好的事。

为什么说知道了美反倒丑恶起来了

关于自然的这个意义是特别好的，在讲自然的同时，老子对于一些人为提倡的东西抱怀疑的态度。老子他挺『各』的，他讲一个道理说：『天下皆知美之为美，斯恶矣。』说大家都知道美是美丽的，这就太坏、太糟糕了。还说『皆知善之为善，斯不善矣』，说都知道善是善，这反倒不善了。之前曾讲过老子善于逆向思维，别人都这么说，他就反着说，或者别人都这么想，他就逆着想。

我们有很多大家，比如说我读过钱锺书先生写的笔记，他就说『皆知美之为美，斯恶矣』这个话不能完全说得通，

他说因为从概念上说美和丑是同时存在的一对概念——大意如此，我不是复述钱先生的原话。就是说美就是美，丑就是丑，比如说一个美女西施一个丑女东施搁在一块儿，大伙儿都瞅着西施顺眼是不是啊？这个不能说因为有西施才出来的东施，他这个道理是从语义上从逻辑上讲。钱先生讲得特别好，但是我对老子这个话的理解是从经验上理解、从人生的经验上理解。我觉得什么叫『皆知美之为美，斯恶矣，皆知善之为善，斯不善矣』，你只要在单位搞一回评工资就知道了，说工资这回提百分之二十，找最美最善的人来给这百分之二十，其他不够美不够善的工资一律不提，再评出百分之一的又丑又恶的人咱们给他降工资、降百分之二十。你说这个单位还有宁日吗，这个单位还搞得下去吗？非常的难，为什么呢？

当你有了一种提倡，一种追求的时候，首先一个美字就破除了人和人之间生来平等的这个观念。怎么平等呢？人的模样——女性的模样都能赶得上巩俐、章子怡？男性的模样——这我对不起，我举不出例子来，我不注意男性，这个俊男都是谁，周杰伦？刘德华吧，我不觉得他特帅，就说周杰伦、刘德华吧，咱们这个模样也不像周杰伦和刘德华，所以这个标准就很难选取和确定，它把平等的观念、绝对平等的观念破除了。

第二，大家就都追求这个美，我要美怎么办，我就得美容，美容你弄过头了就出现了好多美容变成毁容。这样的故事很多：追求尽孝道，过去说天下要举孝廉，中国封建社会都有这样的全国评孝子，也会出现过分的情况。『二十四孝』里有好多故事都非常的过分，父母生了病想吃鱼怎么办，又没有破冰的设备，就脱光了趴在冰上把冰化开然后够一条鱼，这太矫情了是不是？而且这个也不容易啊！这人得有多热才能把冰给化开啊？这不符合以人为本了，和老子

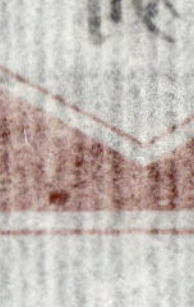

的思想也不吻合了。

第三，它还会有虚假，咱们过去有一个时候看一个人学习得好不好、看一个人的思想好不好，要检查他的日记，于是有一些人就把写日记变成登龙奇术，就是甭管真的假的，你每天日记上记第一你有觉悟，第二你干了好事：今天我到BTV做讲座，一进门就看到那里一团火，我就扑上去了。这好，我日记上有这么一条，真过了二十年再来评这个日记，人家早不知道有火没有火了，你写上去了也就出现虚假了。《官场现形记》最可笑了，说是上边有一个官吧，一个巡抚，按照现在说就是一个省级的官员上任了，这个大官最喜欢的就是朴素，他最恨人穿好衣裳，他最希望的就是人衣服上左一个补丁右一个补丁。底下的官员一听，哎哟，他们穿的衣服都太漂亮了，就冲这个就弄不好当场就找一个毛病，就给革职了，摘了乌纱帽。怎么办呢，赶快买旧官服，一时间自由市场上旧官服的价钱变成了新官服的几倍，二百块钱你可以买一身新官服，但是你要想买一身破烂官服得一千块。到了这个程度，这真是可笑到了极点，也丑恶到了极点。

这说明什么呢？就是提倡任何一种对价值的追求都有它自己的反面，都可能走向自己的反面。

当然我的意思不是说老子说的都对，说以后咱们不准说谁美谁不美，也不准说谁善谁不善，大家来了以后每人每月工资三千块钱全一样。这个是行不通的，该提倡的东西要有，该反对的东西也要有。但是老子提醒不能极端，不能过热，所以我说老子有时候是『凉药』就在这里。

当然你贬斥美善也不行，你贬斥太多，非议太多的时候看看《老子》，帮着你消化消化。你不要过于追求刻意地

去做什么，这一方面老子的见解实际上是对现在这个所谓后现代世界的启示。

老子的天地不仁说太刺激了

有一种思潮叫做对文化的质疑，或者叫文化批判，就是我们都看到文化是好东西，也当然认为文化是好东西，但是文化在发展当中会不会也有一些负面的东西呢？比如说什么都自动化、什么都顺利，这人的体力反倒下降了；什么东西在电脑上都能查得出来，这人反倒不进图书馆了，有没有这种可能？应该说这种可能是有的。所以在文化的发展当中、在文化的建设当中，我们同时还要注意保留我们那些不应该丢失的东西、保留那些自然而然的东西、保留那些淳朴的东西、保留那些可爱天真的东西，老子的方法在这方面给了我们一个启示。

还有对于价值的质疑，没有价值观念就没有文明也没有了最最起码的规范了，但是另一方面，会有价值狂热，如恐怖主义；会有价值霸权，不需要举例；会有价值僵化与反人性化，例如中国封建主义的『名教杀人』，残害了多少女性？还有价值歧见造成的宗教战争等。而老子几千年前就看穿了价值与文化的两面性，他不是绝了吗？

把『自然』抬得这么高，那『自然』就是最好最最亲爱的了，『道』就是最好最最亲爱的了吗？老子有一个惊人的说法『天地不仁，以万物为刍狗；圣人不仁，以百姓为刍狗』。他说得太刺激了，你要是胆小的，看完这一句话能晚上做噩梦。他是什么意思呢？他说天地并不讲仁爱，你不要想天地都喜欢你心疼你，天地它是无情的。这很容易理解，一个汶川大地震你就看出来了。天地不仁，反过来说天地它也不坏，它也没有要害你的意思。它既不是要爱你，它也不是要害你，天地、自然、道，不是一个意志的概念，也不是一个情感的范畴，而是一个运

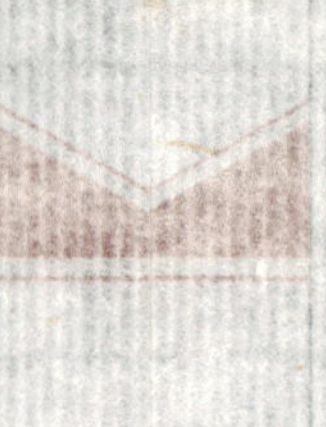

动的概念、一个哲学的概念。它超过了人间的意志和道德，所体现的是一个客观世界的规律。

在这个意向上讲，他说『天地不仁，以万物为刍狗』，『刍狗』是什么东西呢？就是送葬的时候用的那些扎的纸人纸马纸狗，这些东西到时候一把火就烧了。他说得刺激、很难听、很残酷，这是一种智慧的残酷性，就是告诉你真相，把真相非常惨烈地摆在你面前。让你正视这个现实，你得听这个音乐，听老子这个音乐。

『天地不仁』这个东西看你怎么理解它了，你如果把它当做是残酷的话，认为老子还在提倡残酷，我觉得是你自己理解错了。因为不管是在历史里还是学说上，我们没有找到老子这个人为人特别残酷的证据，或者是这样的记录。相反的，老子在另外的章节里头是反对战争的，他是用非常悲哀的语言来讲战争的，像『兵者不祥』、『大兵之后必有凶年』，到现在这些老百姓爱说的话都是从老子那儿来的。

那么他为什么要讲天地不仁呢？就是要让我们正视这个世界有许许多多不如人意的一面，你不要指望着『天地』老抚摸着你的额头：我的乖孩子啊，我让你舒舒服服的，我让你心想事成，没那个事。这是老子的一副清醒剂。我们不要把它当作残酷，而要把它当作在今天来说是一种对世界的唯物主义的态度。就是任何事物都有它自己发展的规律，它并不首先决定于『我爱你、你爱我，我心疼你、你心疼我』，它不表现在这些方面。像地震是由于地球的运动、地质的构造、地壳的构造所造成的一种现象，还有生老病死、兴衰成败、生驻坏灭、祸福通蹇、『纵有千年铁门槛，终须一个土馒头』；『天地者万物之逆旅，人生者百代之过客』……你只能这样去理解这种所谓无常的即『不仁』的现象。

老子关于『天地不仁』的思想，从积极的方面来说，就是我们要抛弃那个没有出息的依赖的思想、侥幸的心理、幻想的思想，一切都得靠自己奋斗，同时要豁达地对待一切不如人意。你不能靠天地给你摆出一个非常美好的世界。

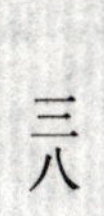

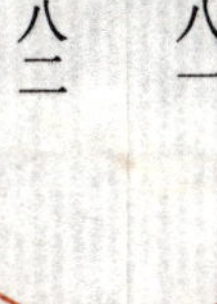

『道』像雨露一样

当然老子也自相矛盾，老子在另外的地方又说『道』就像雨露一样滋润全世界。他又让你感觉到天地有情了。所以事物就是这样的，天地有无情的一面又有有情的一面，我们看到月亮升上来，正月十五月亮很好，月亮又下去了，我们觉得很留恋；我们看到太阳升上来了觉得振奋乃至感恩，太阳的温暖使地球很多生物能够生长，使很多能源能够形成，所以天地又有它有情的那一面，又有它珍惜万物所以滋润万物涵养万物的这一面。

『道法自然』里有这种注意客观世界、注意唯物主义的一面。但是它又超越了这些，因为它是『道』。道是不讲主客观之分际的。

老子在另外的地方又讲到，一个人如果他得到了道以后有一点刀枪不入的那个劲儿，说是『入军而不被甲兵』，就是说你去打仗任何武器都伤不了你，金钟罩铁布衫！我们这么理解：老子讲的不是功夫，不是讲金钟罩铁布衫，他讲的就是你掌握了『道』以后，你就无往而不利，你就没有危险，你就没有困难。这里又有非常主观的一面，或者说唯心的一面。所以老子对于『道』的理解是超越了物质与心灵、超越了世界与自我、超越了主观与客观的。

老子捅破了你的窗户纸

总的来说，无论是老子讲的某一句话还是通篇来看，他整个《道德经》其实都是有一种辩证的或者用更中国化的说法叫做『机变』的思想隐含在里边。一方面我们要这么理解，一方面我们还要看到另外一面，所以我觉得它整个的

思想都是辩证的。我们读《老子》或者是讨论《老子》也不能犯死心眼儿，这本身就跟老子的思想完全对着来，太相悖了。

老子对非自然的、不是万物所固有的、不是世界所固有的这些规则常常抱怀疑的态度、批评的态度，对人的意志常常给你捅破这层窗户纸。你本来觉得你的意志很了不起，觉得你的愿望或者你的判断是标准的，很伟大，但是老子他给你捅破了，尤其是对儒家强调的那些标准，他都觉得是可疑的，并不是绝对的或者是铁定的，它都有它的漏洞。

比如说老子有一段非常有名的话，这话说的跟那个『天地不仁』似的，也是非常刺激、非常扎耳朵的——他最有名的话我老觉得像在诅咒一样，好像在那里念咒一样——他说：『大道废，有仁义。智慧出，有大伪。六亲不和，有孝慈。国家昏乱，有忠臣。』这几句话说得太重了，实在令人难以接受。

微笑是有定价的吗

我们简单地先解释字面：『大道废』就是大家都不能各安其位了，是大家都不知自己该干什么了，都不能自己运动了、都不能自己变化了，有了病也不能自己痊愈了。这种情况之下就得提倡仁义，仁义就是用道德的约束来维持人际的已经被污染了的关系。老子这里有一点理想主义，他认为人和人的关系本来是很正常、很自然、很朴素的，非常美好的，不需要别人教给他的，但是现在不行了，现在我一见你，我得先想一想。老板说了顾客就是上帝，我明明很烦这个顾客、很讨厌这个顾客，但是我脸上一脸的假笑。有这种事情啊！

有一阵咱们南方有一个城市，那时候开始——其实我个人完全理解这种做法——就是当时当地的领导提倡微笑服

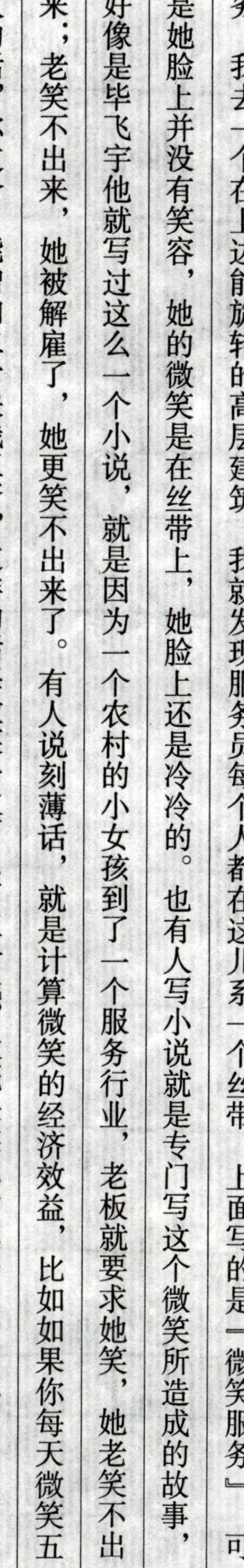

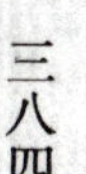

务，我去一个在上边能旋转的高层建筑，我就发现服务员每个人都在这儿系一个丝带，上面写的是『微笑服务』，可是她脸上并没有笑容，她的微笑是在丝带上，她脸上还是冷冷的。也有人写小说就是专门写这个微笑所造成的故事，好像是毕飞宇他就写过这么一个小说，就是因为一个农村的小女孩到了一个服务行业，老板就要求她笑，她老笑不出来；老笑不出来，她被解雇了，她更笑不出来了。有人说刻薄话，就是计算微笑的经济效益，比如如果你每天微笑五次的话，你这个月能增加二十块钱工资，这样的话每微笑一次可以有三分钱，大概是类似于这样的一种说法。

这就是说事情有这一面，所以老子认定，『大道』如果人人都掌握了，人和人之间的关系非常的自然，用不着提倡仁义道德、用不着规定人际关系的规范，也根本用不着学习掌握礼貌用语。当然我说了他这个话是片面的，实际上有些时候你也是需要经过一个人为的过程。但老子的见解又是奇特的，振聋发聩、发人深省的。

他说『智慧出，有大伪』，大家都读书，都要有智慧，都要发展自己的智商、智力，都要长心眼儿，可是这样就有一个问题：智慧比较高了，会作伪了：他心里这么想，但说的是另外一套。这种事情你也不能说绝对的没有。尤其中国人有一个问题：讲计谋，我们有三十六计，什么瞒天过海、围魏救赵、打草惊蛇、投石问路等等，这是老子反对的。但是实际上在民间在历史上是深为讲究这些的。我还结识过一位瑞士籍汉学家，他就专门研究中国人的计谋，他已经倒背如流了。当他用计谋来分析问题的时候，有时候让你起鸡皮疙瘩，挺瘆的。比方我们在维也纳参加一个会，讲完了以后他就过来了，说王先生我听着你的讲话就是釜底抽薪。把我给吓一跳，我抽谁的薪了，人家正红烧肉呢，我釜底抽薪，我让人弄一个夹生饭？我没有这样，但是确实有搞这种计谋的。

老子他烦这个计谋，他反对，人和人之间用过多的计谋是他所反对的。他的反对不无道理，虽然不能够绝对化。

夫妻间需要不需要每天说「我爱你」

老子说「六亲不和，有孝慈」，这个话是什么意思呢？比如说慈，指的是父母长辈对待自己的子女是很慈祥、慈爱的，是慈父、慈母。子女对待自己的父母是很尽孝、很孝顺的。这也是人的天性，许多国家没有孝和慈这个观念、这个词，但是不等于人家都是不尽孝、不喜爱父母，或者是父母瞅着孩子讨厌，把孩子掐死。不是这样的，虽然也有这样的个别例子。当然有相反的，我想我们从另一面来说，比如说我现在岁数大了，假设我的孩子来看望我一下或者还给我带了二斤元宵，一进来就说我今天尽孝来了，我给您带了二斤元宵。我怎么听着那么别扭啊！你什么话也不说，你把元宵搁在那里，说咱们吃元宵吧，稻香村的，涨钱了。这个多好啊，是不是啊！

父母更没有这样的——比如说如果年轻一点，我这个孩子还刚两岁刚三岁，一见着孩子我就高兴，「小宝今天天冷了你穿这个衣服不行，我给你加一件衣服吧。」过来给穿衣服然后说：你看我是你的慈父，你看我对你是多么慈祥。我要是那个孩子我也害怕，你算了！一天你对我慈祥八次，第二天你对我慈祥了七次，我该琢磨了我犯什么错误了，你少一次？所以老子说「六亲不和，有孝慈」，所以你得强调孝强调孝慈。这个老子够绝的，他有一点哪壶不开提哪壶，本来孝慈很好嘛，但是他发现了——他的眼睛很毒，很厉害——他说真正要关系特别好，我用把这个孝和慈挂在嘴边吗？

这是中国文化，外国不一样，这个问题我还没研究清楚：外国人什么都要挂在嘴上，要表达的一定要说出来：我

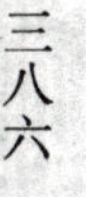

喜欢你我爱你或者是我怎么样一定要当面说，送礼物也要当面打开，我见过外国的孩子给父母送生日卡，底下都要写上 love——我是爱你的。所以这个世界上的事也不是绝对的。两人已经结婚十五年了已经结婚三十年了已经结婚五十年了，两人还得不断地说 I love you（我爱你），那边就说 me too（我也是），他是怎么回事？也许咱们老子只管中国，老子当时不知道英吉利、美利坚，所以他也就不去管这个外国人的文化了。可能对于外国人来说，挂在嘴边就是自然而然地，不挂在嘴边反而是不自然的。所以我们可能也不能分析表面的现象，比如外国人把这个谢谢、请原谅永远挂在嘴边上，把我爱你也永远挂在嘴边上，这样他形成了他的一套生活方式，他要连续三天不说我爱你，那对方还真有一点嘀咕了。老子烦的是没有自然而然的，出乎你的本性去爱去帮助别人、去孝敬父母，太刻意就不好，故意造作也不好。

要自然而然，不要刻意做秀

当然老子也不是傻子，老子很聪明，他能看到「国家昏乱，有忠臣」，这个话说得更重，但是有这一面。我们老百姓的话不这么说，老百姓说「家贫出孝子，国乱显忠臣」。国家不出事你怎么知道谁忠谁不忠呢？都说自个儿忠，公务员考试的时候你问一下：有认为自己不忠的举手！谁也不举手，他举手就考不上这个公务员了。但是恰恰是国家有了事了，你会明显地看出来谁是忠臣谁不是忠臣来了。

所以老子的意思还是说，你要合乎「道」，合乎自然而然之道。不合乎道的时候，才会有这许许多多人为的努力出现，而在合乎道的情况之下，美好的词句不必挂在嘴上，也不要去做秀。老子的这个意思是好的。不能说老子说得不对，

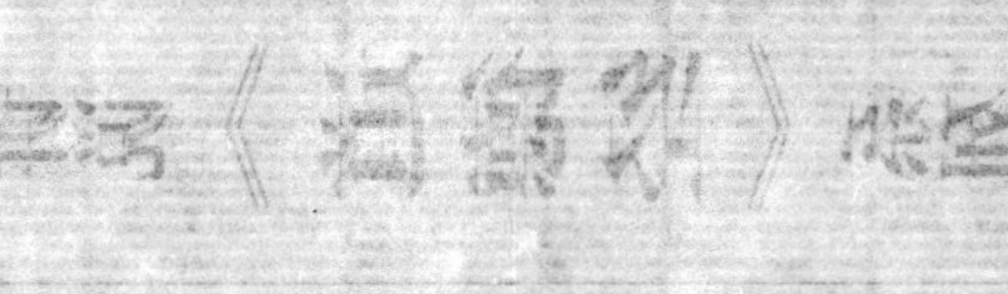
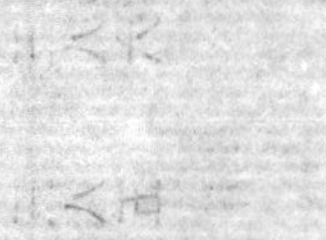

因为忠臣在任何一个社会任何一个国家都是被肯定的，是一个褒义词，但是你挂在嘴上做秀就可能走向反面了。这样的经验在中国的历史上在外国的历史上也都是有的。在中国，正是『文革』时期把一个『忠』字喊破了天，而那个时候叫做动乱，与昏乱差一个字。所以老子说『人法地，地法天，天法道，道法自然』，把这个『自然』强调到一个无以复加的程度，甚至都超过『道』了。它超过道、超过人为的许许多多的努力、超过了许多人为的提倡或者反对的东西。这里尽管有过分的地方，但是他强调『自然』还是对的。

就拿咱们这个讲座来说吧，电视要录像，录像是要做很多的工作的，但是我自己感到最尴尬的就是比如说我讲得并不是特别好，然后导演说你们鼓掌怎么这么不热烈，鼓掌，再鼓一次，再鼓一次，还得鼓！这样的话让人非常难受。有时候不是录像，就是到大学里去讲座，大学那个系主任或者是那个院长校长为了表示客气，就说『首先让我们用热烈的掌声欢迎王某某来我们这儿讲话』，然后『让我们再一次用热烈的掌声』，本来我觉得我讲得挺好的大家鼓掌后来他老这么说，我就想到我是不是讲差了、讲砸了，别人都不爱听，幸亏有领导在那里监督，不好好鼓掌的影响提级、影响学分。

任何一个事情排演过度、掌控过度或者是操作过度、反应过度，都会走向自己的反面。

不能操之过急

老子有时候老是抱着一种抬杠——老子也是一个杠头——叫做雄辩的态度讲问题，他是从这个抬杠的角度给你讲，他讲的也真有真理，但是你做的时候不可能只考虑到这一面。我觉得老子的关于『自然』的理论、学说对我们也是非常有帮助的。反过来说，我们也可以找到许多的例子是我们违背了自然而然这样一个规律，我们过分地追求那个客观上并

非立马能够实现的东西。一个很简单的说法就是急性病，你不让它自然而然地运转，所谓一口饭吃不成一个胖子，可你希望一下子就把这些问题全解决。你做不到，你只能够是伤害事物自己的发展规律，所以我们中国又有一个说法叫『欲速则不达』。你想快走，结果你反而到不了那个地方。还有一句是『心急吃不了热豆腐』，都是这个意思，很多这一类的话，『不到火候不揭锅』，它都是这个意思。就是说你违背了大自然、违背了事物自己运动的规律，你就会吃苦头。

从道法自然的角度看计划经济与市场经济

比如说我们国家长期实行计划经济，计划经济有计划经济的必要，如在长期的战争之后或者在战争之中，有许许多多计划经济的因素，这个也是正确的。但是计划经济里头也有问题，你再伟大你不可能想到每一件事情，你不可能让你所有的计划符合自然的运动，所以为什么现在我们实行的是社会主义的市场经济呢？因为市场经济更多的是调动各行各业各地区各城乡甚至于是每一个单位每一个个人的积极性，让他们自己通过市场来使用这些资源，实现资源的最优配置，能够更好地发展生产力。但是反过来说，金融危机、金融海啸又提醒我们：全是自然了没有意志没有概括没有操控，或者是没有监管、没有宏观调控也不行。

我们从人生——小而至于家庭的和睦、大而至于一个国家或者世界的财政金融经济，都可以看出怎样尊重自然，怎样掌握好个人的意志、人类的文化所能起的作用，这都是很有意义的。

第三讲　无为是关键

为，还是不为？

我们来讨论一下老子关于『无为』『上善若水』这两个命题。这两个命题涉及到老子和别人不一样的独到的智慧和风格。关于『无为』，《道德经》里边从头到尾不知说了多少次，每次说的角度都不太一样，比如说在第二章里老子说『圣人处无为之事，行不言之教』，圣人在这里可以设想为指协助当时的君王来管理国家的一批人或者一批读书人、一批有学问的人，有本事的、得道的人。他们要做的事情是『无为之事』，说得相当玄乎，就是要做的事情是『别干』。乍一听没法理解，有一点诚心找别扭的意思。但实际上干某一类事的目的就是表示自己不准备做什么，这样的例子中国很多，例如刘备在寄身曹操手下的时候，表示自己忙于种菜，比如某个高级领导退下来忙于拉胡琴，这都是处无为之事。在政治运动如火如荼之际，突然发表一首领导人的诗词，发表一张领导人游山玩水的照片，也有处无为之事的某些天机。起码是表示领导人胸有成竹，自有道理，全国人民也就少安毋躁，听从指挥就得了。

『行不言之教』倒好理解一点，因为我们现在也常说身教胜于言教。你自己做榜样，你不要老在那里说教、念经。在《老子》的第三章里也说到『为无为，则无不治』，就是你干得越少或者你干得比较少，各方面的管理治理反倒会更好。这个说法也略略有一点矫情，但是他有针对性，因为在春秋战国时期他看得太多了，当时的诸侯国家在那里乱为、瞎为、穷折腾，越为弄得越乱，弄得国无宁日，弄得老百姓不能够平平安安地生活。这样的事情他看得太多。那时的一些君王，还有一批所谓的『士』，就是读书人，这些读书人也紧紧张张地在那儿贩卖——用我们的俗话说就是卖狗皮膏药似的：我这个跌打损伤全治，我这个能长寿，我这个可以滋阴补阳。他什么都在那儿贩卖，但是真正做成一两件事的人非常少，很多不但没有做成事，最后连自己的脑袋身家性命都不保。这一类的事老子看得多了，所以他说『为无为，则无不治』。

老子的学说使我常常想起莎士比亚的《哈姆雷特》，哈的名言是『活着，还是不活，这还是一个问题』。老子让你想的则是：『为，还是不为，干，还是别干？这确实是一个问题。』

越是不那样做，越是能够达到目的

在第二十二章里老子说『不自见，故明』，更多的学者认为这个『见』应该读『现』，我上小学的时候写『发现』从来不写这个『现』，都写『见』，但是读就要读『发现』，因为『现代』的『现』和『见』在古时候是可以通用的，特别是当『发现』讲的时候。所以这个『不自见』或者『不自现，故明』的意思就是：你不老想着表现自己，那么你的形象反倒比较清晰。这是一种解释，还有一种解释是：自己没有成见的人，就比较明白；你不要老抱着一个成见，事还没弄清楚——先有结论后去调查、后去了解，这样的事情也非常多，这叫『不自见，故明』。

『不自是，故彰』——你自己不自以为是，你的成绩、你的好处反倒就彰显出来了。简单地说，你吹得越多，别人越不买你账，这种事我们很容易看到，吹嘘太过，引起逆反心理。『不自伐，故有功』，就是你不把什么事都放到自己身上，你的功劳人家才承认，本来你是有一点功劳，但是你说得过多了，丧失了可信度了，人家烦了反倒连你原来那一点功劳也不承认了；应该说这是很接近生活的说法，很接近现实，对老百姓一说就能明白。

『不自矜，故长』，自己不骄傲，你反倒显得比别人高明，所以他接着又是那一句话『夫唯不争，故天下莫能与之争』，

我自己各个方面的成绩，我的正确性、我的智慧都摆在那里，就用不着争，别人也没法跟我争，我不跟你争，你说什么你说吧，我不予置理。

善于干什么，就用不着刻意去干什么

《老子》第二十七章里说「善行，无辙迹」，这个也有两种解释：一种说会走路的人是不留痕迹的，这话又稍微费一点劲，会走路的人就不留痕迹，你又不偷东西你怕留痕迹干什么啊？你走路就走啊，行得正、想得明，你爱在哪里走就在哪里走。所以对这个解释我一直略抱怀疑；但是还可以有一个解释：就是做好事不留痕迹。善行不留痕迹，就是跟雷锋一样，做了好事人家问你的姓名，我不说。对这种解释我们比较容易理解。

「善言，无瑕谪」，这个也比较容易理解，就是会说话的人或者说的是好话，你挑不出什么毛病来。虽然说话很容易被人家抓住毛病，但是我没有恶意我没有私心，我说一件事既没有私心也没有恶意，我就不怕你挑我的毛病。在某种意义上说，「无瑕谪」是不可能的，老子在另外的问题上又说过「善者不辩，辩者不善」，老子他是不让你说很多的话的，前面也讲了「行不言之教」，为什么又说「善言，无瑕谪」？我觉得我们从更高的层面上理解就是：你既然是「善言」，你是很有智慧的、很聪明的，而且是很好意的很善良的言语，你根本不必在乎有没有「瑕谪」；我有一句话说得不太妥当，不太妥当就不太妥当——我觉得这样解释比说「他说的话滴水不漏」还可爱，还对人有启发。否则要滴水不漏那也非常困难，有时候哪个字念得不太准确、有时候用词不当，这都是难免的。

「善数，不用筹策」，「筹策」是竹签这一类的东西或者是珠子，像算盘是用珠子做的原始的计算机。「善数，

不用筹策」，就是能够计算的人不用那些东西，这是非常中国化的一个观点。中国人认为你有了「道」就是有了「大道」，什么都能解决，不像外国人那么讲究用工具用手段，就是说不用任何工具不用任何手段，你心中有数。外国人的那一套方法有时我们中国人也不能接受，外国人有的教给你说，当你想做一件事情的时候、你拿不定主意的时候，你应该把你想做A选择的理由写出来，再把B选择的理由也写出来，然后每个给多少分，看哪边的分多。我反正一辈子没有这么办过事。比如说别人给我介绍一个女朋友，这个女朋友我跟她是继续联络下去还是算了、拜拜了？拿一张纸，我愿意和她联络，因为什么：此人算比较可爱这算四十分，第二有正当职业这算二十分，第三家庭无闲杂人口这算十五分；然后，我不想跟她见面了：第一说话口音怯这减十分，第二比较计较钱，我们俩一块吃完冰棍她半天不掏钱，那就再减二十分，如此这般，看最后剩多少分，来决定取舍——我怎么觉得人没有这么干的？没有这么干活儿的、没有这么办事的，至少我们中国人不这样，太教条了。相反中国人喜欢囫囵着讨论问题，整体地来考虑自己的感受，不想就是不想。你问他为什么不想啊？就不想，就是不想。所以说「善数，不用筹策」。

「善闭，无关楗而不可开」，你会关门，不用插上门闩可是开不开。这个稍微绕一点，有一点脑筋急转弯的意思。这个就是一种比喻，老子什么事都往最根本上想，比如说「宠辱无惊」，他不给你分析宠辱，他说你忘记你自己你不就宠辱无惊了吗？他一下子说到根儿上去了。至于善闭不用门闩，要是说：这门我关得严着呢，我会武功，我家里还有防暴武器，我还有一把防身利器，谁敢进来啊？再不行我家里养两个藏獒，你不是也进不来吗，你干吗非得用门闩，门闩太具体了、太小了——要顺着老子的思路往下发展，还可以更上一层楼，那么闭得严不严既不是藏獒的问题也不

是武功的问题，而是：这一辈子我没有得罪过任何人，我家里又没有更多的钱，我过的是非常简朴非常正常非常善良非常有道德的生活，我敞着门都没有人对我有任何不良的动机或者行动，就像那句话说的『不做亏心事，不怕鬼敲门』，他有这个意思。他给你从根儿上来提。

『善结，无绳约而不可解』，会系扣的人，不系但是你解不开。他说得非常美好，我就立马想到黄山有一个情人桥，说那个地方是表达爱情的地方，新婚夫妇最喜欢到那里买两把锁，把两锁锁在一块儿再锁在那个桥上，说这夫妻俩就可以白头到老了。说老实话，到那里看那锁全是锈，脏乎乎的，那是黄山风景的一个败笔。要我说，两人心结合到一块儿了用不着系扣，比如我跟我老伴今年是金婚又过了两年，五十二年了，我们也没上过锁也没拿绳把两人捆起来是不是？所以说善结用不着系扣，可以从更高处来想。

美丽的无为令人陶醉

老子在第三十七章里讲『道常无为而无不为』，这也有一点绕，又进入玄妙的阶段了。我想他的意思就是说，你不干那些愚蠢的『为』，就是使那些正常的自然的『为』都能够顺顺当当地进行；你不能去揠苗助长，那些小苗该怎么长就怎么长；一个人很正常地吃饭时，用不着给他鼻饲，给他鼻子里插一个管，你越不给他鼻子里插管、不给它往里头灌牛奶和大米稀粥，他自个儿吃饭吃得就越香。

在第六十四章里老子又说『圣人无为，故无败』，你无为也就无败，又有一点绕，可以怎么理解呢？『无为』的意思就是你不给自己提实现不了的目标，不去做那些经过努力也做不到的事，这样的话你当然就无败了。你不唱高调，

不给老百姓大众许下那种不可能实现的应许、许诺，所以你就无败，你许诺太多了，就做不到了。从这一点上能感觉老子这种无为的思想是有针对性的，而且他非常欣赏自己这种无为的思想，他觉得这个思想不但是有针对性的而且是非常美丽的。

『无为』，就跟中国人想象的功夫一样，这功夫不太高的时候，比如咱俩比画比画练一练，我一拳打过来你一脚踢上来，你一刀砍下来我一棍给你拨开，这是最简单的。在中国人的头脑里最上乘的最理想的武功是：一个老头眼睛半睁半闭就这么一坐，敌人过来一刀砍下来了，我的脖子稍稍一闪然后用手指头一弹，那人瘫了、不能动了。这是中国人的理想。我们可以看得出来，因为我也是爬格子的人，我就觉得老子在说到自己的『无为』的时候，他有一种自我的欣赏自我的陶醉，他非常陶醉，因为别人都提倡怎么『为』，都教给你怎么『为』，他告诉你『无为』。从他这些论述当中可以看出来他这个自我陶醉，因为他这些话都非常的美。他不完全现实，完全现实的就不美了，他有那种理想的幻想的想象的成分。

『无为』，什么事都别做，这个不能接受而且绝对不能接受，人怎么能什么事都不做呢？早上起来得穿衣服中午要吃饭这些事都要做，但是，我们能不能不干傻事不干坏事不干无用的事不干损人又不利己的事？『无言』也是一样，『不言』也是一样，我们起码能不能做到不说或者少说假话大话空话套话废话？咱们试一试，如果能够一个人想一想自己不说一句『假大空套废』，我估计那一天他的话能够节约很多，他的声带、他的呼吸能够节约非常的多。所以『无为』如果一下子做不到，我们能不能做到有所不为，就是有些事别干，害人的事别干，蝇营狗苟的事不要干。中国人

发明的这些词都很好玩，说你像一个苍蝇一样地在那里乱飞乱撞经营自己，像一条狗一样没有尊严地去做一些失去人格尊严的事情。

应做的事各式各样，不可以做的事应有共识

这种事情在春秋战国时期，在老子那个时代他看得多了，如果我们能够从这一方面来做，在『无』字上、在否定上下工夫——我们给人提意见往往是从正面提，比如说你的数学还得再好好地补一补，哎呀你这个孩子外语不行——这是正面提的，但是正面提的一个困难就是每个人和每个人都是很不一样的，我们有的人唱歌好、有的人唱歌差，你就不必希望那个唱歌差的多唱歌。但是从反面上下工夫，这人倒是同意的，比如说你不应该心胸太狭隘，你不要自己给自己找病，你不应该老是用坏的思想来想别人，不应该多疑、不应该不信任人。从反面来思考也是一个思考的方式。

《安娜·卡列尼娜》一上来就写到家庭，说幸福的家庭都是相似的，而不幸的家庭各有各的不幸。可是要按照老子的观点就是：幸福的人生是各式各样的。幸福的人生并没有统一的规则，做大款也可以很幸福，做贫民也可以很幸福，人身体健康当然是幸福，身残志不残，有所成就，有所快乐，残疾人也可以得到属于自己的幸福。而能够导致你不幸的事情，也就在于你自己的做人底线如何，这倒常常是大家都一致的。例如我刚才说的做坏事、欺骗别人、坑害别人，那是不应该做的，我想这反而可能有一个统一的标准，大家可以取得一个共识。

再比如学外语，学大语种有学大语种的好处，用途广，例如英语，学好了几乎可以走遍天下。学小语种也有小语种的好处，人才稀缺，就业反而容易，做出特殊贡献的可能性更大些，那就叫冷门，叫物以稀为贵。反过来说呢，你

有条件而不肯学习外语，那是一件糊涂事，是不可取的。就是说，应该做什么，我也许不能提出统一标准，不可做什么，我反而可以向公众做出明确的判断。

怎么样分辨好人和坏人

平常我们讨论什么叫好人什么叫坏人？我最喜欢说，好人就是有所不为的人，就是有一些事他不能干；坏人就是无所不为的人，就是对他只要有利他什么事都能干。

老子的有关阐述虽然都说到根儿上，但是我们理解的时候不能片面或者说特别绝对地来理解，比如说『无为』并不是说什么都不做，而是有一些事情我们不能做。『不言』也不是一句话都不说，而是说我们得想清楚哪些话是不能说的。这么解释，我觉得老子就特别容易被人接受，但是这样被人接受有时候又丧失了老子那特别与众不同的特色。比如说如果老子的话不这么说了，不说『无为而治』，而说你该为的为，不该为的就别为，那就没特点了。老子是一个思想家，他本身并不直接参与重大的社会实践——他既不经商又不理政又不带兵——思想家喜欢把语言搞得审美化、把语言搞得个性化、把语言搞得光泽化。他说出的『无为』就非常的有光泽。

同样，我们作为一个个人，我们也不是老子，我们也不写《道德经》，但是当我们看到了『无为』以后，我们想到原来我有很多事情是可以不做的，原来我有很多争论是可以不和别人争论的，原来我有很多操心的事——北京前几年有句话说：你活得累不累？这个意思也是让你『无为』——一旦把这些东西和老子的『无为』联系起来的时候，那么老子在写到『无为』这两个字的时候，他的那种思想的光芒、他那种自我欣赏的快乐你也能分享一点。虽然你不能

绝对地无为，你该为的时候还得为：不用说大事，就是一件小事该跟人家说清楚还得说清楚，你上超市买东西他少找你两块钱，你肯定不会无为的、也肯定不会不争的，你肯定告诉他说你再数一遍，我这儿少两块。但是你脑子里仍然有一个可供欣赏、可供咀嚼、可供流连忘返的非常美丽的两个字，这两个字就叫『无为』。

精兵简政

『无为』还可以从另外一个角度上说，就是说治国理政少折腾，要精兵简政。早在延安时期毛泽东就提出来要精兵简政，而且说精兵简政是党外人士李鼎铭先生提出来的。这个思想实在是一个非常好的思想，那是在抗日战争的阶段，各派的政治势力都希望壮大自己的力量，但是必须反过来想，如果你的人员太多、非生产人员太多、吃公家饭吃饷的人太多，会不会给老百姓增加负担？如果你的会议太多，会不会给实际工作造成负担？所以在所有的机关、所有的公共机构里边经常会提到要精兵简政、要精简人员、要反对文山会海。

我记得在一九四九年、一九五〇年、一九五一年的时候，北京也常举行诗朗诵会，那时候朗诵的诗里有一个就是苏联诗人马雅可夫斯基的一首诗叫《开会迷》，这首诗列宁非常地喜欢，因为他描写整天在那里开会、开会，然后马雅可夫斯基建议再开一次会决定永远不要再开会了。这当然是诗歌，他也不是说一定能够做到的。我们讲要精兵简政、讲不要心细如发，过去形容说有公务人员甚至于官员甚至于一个大官，他心细如发、太细致了，他什么事都管，这个官员对比他低好多好多级的人穿什么鞋、穿什么衣服都有指示，对于哪一天哪个地方那个饺子的包法他也有指示。这种心细如发是不值得提倡的，事必躬亲也是不值得提倡的。

不要想那些永远做不到的事

另外就是你不要想那些实际上永远做不到的事，有的人一辈子都把自个儿的精力放在永远做不到的事上。我记得从小我们的老师就给我们讲过世界上有三大难题，这三大难题是永远做不到的，这三大难题其中有一个我记得，那两个我记不太清楚了，记得的是永动机，三等分一条线段。有一种想法就是要发明一种永动机，因为能量是守恒的，比如说这个机器能把一个物件提升到高处，这个时候耗费了一些电能，到了高处以后它就有势能，你要一撒手它啪掉下来了，这个势能就又恢复了这个电能。所以全世界古今中外想发明永动机的不计其数，但是都发明不出来。比较有趣的是有一个电影叫《决战以后》还是《决战之后》，就是重庆作家黄济人写的，他是写在三大战役中抓住的一些国民党高级将领和一些宪兵特务人员，以后给送到劳改队，其中有一个淮海战役被俘的国民党高级军政人员叫黄维，他是个留学归来的将军，他在监狱里就整天研究永动机，而且整天闹，他说他只差一点点就研究出来了。后来还是周恩来总理亲自批准说给他一些经费，在那个时代大概一个月有个一二百块钱、七八十块钱就可以研究了，一直让他研究到他释放出来，他后来还当过政协委员。直到他老先生仙逝，这个永动机也没有研究出来，不仅没有被他研究出来别人也没有研究出来。这说明什么呢？这个世界上有一些事你压根儿就不应该起意去干，就是说这个事已经被世世代代的人证明是干不成的。

对谦虚的哲学表述

老子还有一段话表达了他这种『无为』『不争』的理想，表达了他对事物的这种辩证的认识，他在第二章里说『有无相生，难易相成，长短相形，高下相倾』，就是『倾向』的『倾』，『音声相和，前后相随，是以圣人处无为之事，

行不言之教，万物作焉而不辞，生而不有，为而不恃，功成而弗居。夫唯弗居，是以不去』，就是说世界上各种事都是相辅相成的，没有前就没有后，没有后就没有前，没有难就没有易，没有易就没有难，等等。他说圣人是不时时刻刻地在那里计划什么事、刻意地非要做什么事，而是尊重事物自己的规律，就是我们上次说的『自然而然』的那种行为的模式；『万物作焉而不辞』，该做的事情他并不推辞。『生而不有』，让东西生长出来了，但是我并不占有它，并不因为有了这个东西我就要占有它。我做了一件事情，但是我并不自恃说这件事情是我做的，它成功功劳就归我。自己不居功，『功成而弗居』，越是有功劳我越看到它不是我一个能够完成的，这样『夫唯弗居，是以不去』，你越是不居功，这个功劳在你身上别人越拿不掉。

这些道理他讲得虽稍稍深奥一点，其实按照我们的理性和常识是可以接受的。就是说如果什么事你太往上冒了，你太辛苦了，为自己打算得太周到了，什么好事你都想占全，你绝对是办不成的。这也是一种非常智慧的说法，跟我们现在的现实生活应该是贴得比较近，和我们中华民族一贯提倡的所谓什么『满招损，谦受益』，自己要谦虚、要虚心——和这些东西都是一致的。当然事物也有各个方面，有时候我也想奥林匹克的口号『更高更快更强』，你要到了该更高更快更强的时候，你说不用争了，谁爱第一就第一吧，那这个奥林匹克运动会就没法开了。那也是不自然，那就不叫自然，所以你还得根据具体的情况有所调整，该赛跑的时候大家可着命赛，看谁能够得第一，这是很正常的事情。

上善若水

老子根据这样的一些理论总结出一个参照物来，他认为最能够代表『道』、最能够代表这种美好品格的是什么呢？

他认为最好的东西是水，他有一句名言叫『上善若水』，就是最高的善、最高的美德、最高的智慧、最高的品格就是像水那样。这也是在老子的《道德经》当中非常重要的一个命题，而且是老子《道德经》的美言之一，我多次看到过在朋友的家里别人的题字或者有一些书法家写字的时候很喜欢写『上善若水』。

『上善若水』，老子的解释并不是特别多，他说『上善若水。水善利万物而不争，处众人之所恶』，这个『恶』在这里应该念wù，当动词讲。为什么说上善若水呢？水对万物都有利。我想这个话是对的，因为我们知道水是生命的一个重要的元素，世界各国把卫星放到火星上去拍照、去找资料，很重要的一条就想找到一点水的痕迹，因为一找到水的痕迹你就会相信那个地方曾经有过生命或者可能有生命或者将要有生命，这是一个非常激动人心的事情，但是很可惜到现在还不能够确认在地球之外的任何地方有水。老子已经看到水利万物而不争，水本身只是顺势而流，当然这个水争不争的问题你要故意抬杠也可以，古代战争史上也有决堤水淹七军，用这种方法来作战，但是那个并不是水本身要淹死谁，是人为的。水本身『处众人之所恶』，一般人的想法都愿意往高处走，而水是往低处流的。我们俗话说：人往高处走，水往低处流。所以老子特别欣赏水往低处流这个特色，这又体现了老子与众不同的地方，别人都这么说的时候他那么说，别人都那么做的时候他这么做。老子喜欢说一些与众不同的精彩的话，有震撼力有爆破力有冲击力的话。

他说上善若水，他并没有对上善若水做非常多的解释，这也是咱们中华文化的一个特色，就是我们不是特别讲究形式逻辑的，那个论点，所谓大前提、小前提、结论，并不追求这个东西，我们也不会为了一件事摆出A和B相互比较，

我们喜欢一种整体性的思维、喜欢一种感悟性的思维。『上善若水』这四个字给你摆到那儿了，这本身就给你留下了空间，你去想吧，水好不好、为什么水好，你自个儿去琢磨、去感受。

这个东西你不能说它是没有道理的，古希腊很多哲学家比如赫拉克利特也喜欢用水来说事，如说一个人一生不可能两次从一个地方踏过同一条河流。他的意思是说一切都是变动不羁的，水是不停地流着的，其实这个话就和孔子的那个『逝者如斯夫，不舍昼夜』是一样的，因为它从来不停下来，不管是白天也好、黑夜也好，流水它是不断地流动的，所以流水特别容易被人理解成时间，它成为时间的一个象征。水不停地流着，时间就过去了，一代一代的人成长起来，一个又一个的英雄故事在神州大地上演出，水又代表这种意思。《论语》里边还讲了『仁者乐山，智者乐水』，这个含义也只能感悟，它没有经过调查取样，没有数据，如果现在一个欧美的人讲『仁者乐山』，他起码先得在全世界找两万个人进行测验，是不是你们都最喜欢山？这两万人里头有一万四千八百人喜欢山，另外还有一千人喜欢小土堆，他就说仁者大概有百分之多少多少。这是欧美人的思维方式，所以这两句话翻译起来也特别难，给他们解释的时候他会问你：这些人是喜欢爬山或是登山运动还是说那些智者是喜欢游泳还是水上运动？跟他费好长时间也说不清楚，因为他很难理解这种意境、这种悟性，感觉很难说清的。

感悟水，喜欢水

它其实是一种形象思维，是一种感受或者说类比，就是你得真的去悟透它当中所要表达的那种意思。要是按我的理解呢，为什么仁者会和山联系起来，因为山代表的是一种稳定，是一种巨大、是一种成熟，是宽厚也是承担，你在

山上压东西没关系，所以它和仁者的形象有相似之处。而水代表的是灵动、清洁、明亮、顺应，永远有办法。它没有最固定的形状，可以是这样的也可以是那样的，可以走得很快也可以走得很慢，所以它有点像智慧的那些品格：它的灵活性、它的清洁性，同样水也能承担许许多多的肮脏，它能把肮脏洗涤成清洁，有多少肮脏经过水以后就会变得比过去更清洁一点。过去我在劳动的时候，有时候取水非常困难，真是来了一盆水先洗脸，洗完脸以后又洗手绢，洗完手绢以后又洗什么，反正洗一大堆。看那个水都挺脏的了，别人说你怎么还在这里头洗啊，那时候我就会说『见水为净』，不管那水有点不太干净，按高标准是不可以的了。

水有这样一些品格，这些品格都是值得肯定的。老子的这种上善若水的思想，我有时候觉得：因为中国在古代哲学、文学、史学甚至于政治学、社会学是不分科的，相通的，所以上善若水有一种文学的情怀在里边。我们可以看看我们中国的诗词，对于水可以说情有独钟。屈原就是借用当时的民歌，在《渔父》里边，渔父就说『沧浪之水清兮，可以濯我缨』，可以洗我的帽缨子，『沧浪之水浊兮，可以濯我足』，水干净的时候特别清，我可以用来洗帽子，水不太干净了还可以洗脚——当然水要是污染太厉害洗脚也不行，也可能会带来脚部的疾病，长脚气也不好。但是起码他这个话说得你也很舒服，沧浪之水本身就已经是很美好的词了，而且清的时候可以用，浊的时候也可以用。李白的诗里说『桃花流水杳然去，别有天地非人间』，在桃花流水之中我自己有自己的一番天地，李白创造了一个他自己的境界。我们甚至于可以说『上善若水』这四个字给老子搭建了一个精神的乐园，想一想这么一个骑青牛的老头，脑子里还琢磨出很多与众不同的思想，他既没有高的地位，没有大量的金钱也没有权力，但是他很喜欢水，他老想着我这一辈子

就像水一样自自然然地流过，他给自己也经营了这样一块上善若水的天地。朱熹的诗说『问渠哪得清如许，为有源头活水来』，说这条河、这条小溪（渠亦可作『它』解）为什么它的水老这么清澈可以照人、可以为镜，像镜子一样的清？因为它源头有许多的活水。对于老子来说这个源头的活水是什么呢？就是『道』。因为万物万象都是在『道』的统一作用之下自然而然地运转着活动着，它成就悲哀也成就快乐，它成就失败也成就成功，所以它永远是活的，永远让你受用不尽的，永远让你琢磨不尽的，就像活水一样不停地在你的面前流去。有时候你这么想一想，你对上善若水这四个字比你一个字一个字地抠它，得到的印象还更多，所以陶渊明说『好读书不求甚解』，当然这个不求甚解有人认为是我们传统的缺点之一，我们不喜欢搞数字，不喜欢搞百分比，不喜欢特别的精确，但是如果你从审美感受去感悟真理，你不是光去计算真理、去理解真理，去分析真理，而是去感悟真理、去欣赏真理、去拥抱真理、去受用真理，要从这个意义上说，那我们中华的文化就确实有自己的特色，有自己特别可爱的地方了。

虚与静

由于有对『无为』的提倡，有这些美好的思想，由于有对上善若水这样一个非常形象的比喻——老子还有一点我们愿意联合在一块儿提一下，就是他喜欢『虚静』。『虚』就是你不要把自个儿安排得搞得满满当当的，相反的你给自己保留一下接受信息的空间、保留一下内存、保留一下硬盘，您的内存别一下子占了百分之九十八了，那一开机准死机了。你要虚，虚就是你得有内存、你得有硬盘，不行你得外接硬盘，不能够把什么全都占得满满当当，该删除的时候得删除，要有自我删除的功夫，要有一种自我删除的机制。『静』这个说法是我们文化的特点，这个特点在五四时期曾经被很多先知先觉的大家、思想家所批评、所诟病，鲁迅就表示过他对中华传统文化的失望，他说中华的传统文化在你看完了以后让你的心一下子静下来了。我想五四时期中国面临的是一个救亡的问题，是一个亡国灭种的问题，是一个积贫积弱的问题，如果那个时候——五四时期也好、卢沟桥事变的时候也好、『九一八』的时候也好，或者是平津战役淮海战役的时候也好，咱们到处去讲老子讲无为，那哪儿成啊，你别有用心是不是啊？你这应该算反革命！

老子说的意思是你保持清醒，不要感情用事、不要动不动搞煽情、不要动不动地犯急性病，因为每个人都有自己的欲望。所谓静的意思、静的核心，我觉得就是一个人能够把自己的主观的东西、欲望的东西有所控制。所谓心不静，所谓心乱，我们现在有一个词——我还挺喜欢这个词——叫『闹心』，说这个事它太闹心。我觉得这个词真是准确，非常生动，这个事处理不好它就老闹心，闹心的原因就是你自己的欲望太多、自己主观的要求太多，而这个主观的要求和客观的世界之间有一点距离，这个客观的世界不可能按照你的主观的要求来运转，所以老子就提出来说：你自己的心静一点。

静的提法当然提得非常哲学，『天乃道』，你知道了天意也就和『道』挨得近了；『道乃久』，掌握了大道也就能够长期稳定可持续地发展下去了；『殁身不殆』，一直到死你都仍然可以享受道的滋养、获得道的智慧。这可以说是老子对于人的人格和智慧的一个理想。

第四讲　有、无，一、二、三

当然是「无」中生「有」

我今天想探讨的是有关老子的「道」。这个问题有两组重要的观念：一个观念是关于「无」和「有」的观念；一个是「一、二、三」的观念。

这个无和有，老子前边也都说到了，他一上来就讲「无名，天地之始。有名，万物之母」，他就是把有和无作为最概括的观念来描述，除去「道」以外，几乎找不着别的观念像「有」和「无」这样，能概括世界上的一切事情了。「无中生有」就是老子提出来的，他说，「万物生于有，有生于无」。这本来不是贬义的话，是后来在流传中，被接受的人理解成坏话了。老子发现世界上每一件具体的事、每一个具体的物、每一个具体的存在都不是永远的，而都是从无变成了有，从有又变成了无。这些问题后边再慢慢地细讲。

我们先来引用一下老子关于「无」和「有」对于人的作用、关系的理解，他说的是最普通的事例，但是他的思想绝了，别人不可能那么想的事他就想到了。我在很年轻、十几岁的时候读任继愈教授用白话文翻译做了注解的《老子》，有很为之惊叹的一句话：老子说「三十辐共一毂，当其无，有车之用」，他说的是车轮，我想古时候可能是木头轮子，不会有现在的胶皮轱辘，有支架的那种叫辐，可能他说有三十辐在一个轮上，就像自行车辐条有三十辐，但是轮子不可能都是打死了的，打死了它太重，还有轮子放轴的地方，自行车叫轴碗的地方必须是「无」的，如果那要是一个死膛的轮子就不转了，只有它是「无」的，然后有一个轴在里头——老子那时候可能没有滚珠轴承，但是起码他懂得抹上一点油减少摩擦它就好转了，只有这个轮子的正中间是一个空白的东西、是「无」的时候轮子才能转，才能用。如果那个地方也「有」，它就成了一个死木头片或者死木头疙瘩，只有轮子的形状而不能实现轮子的功用了。

「无」才有用

然后他又说「埏埴以为器，当其无，有器之用」，「埏」指的是陶器陶罐这一类的东西，或者是土罐，罐子你必须得留下口，另外你还得留下膛，如果罐子没有口又没有膛，那拿它干什么呢？那成砖头、成了一块实的东西了。它的用途的大小就看这个膛有多大，不是看这个皮有多厚，皮多厚也许跟视觉的观感有关系，也许跟它的坚固有关系，但是用途——要看它膛有多大、口有多大，有不同的用途，有一些东西需要有阔口瓶，有些瓶子瓶塞小一点便于保存。

他又说「凿户牖以为室」——就是办公室的「室」——「当其无，有室之用」，这一点我没完全弄明白，我不是专家，可能有专家比我更了解，他说盖房凿一个窗户和凿一个门，这有一点像洞穴是不是？那个时代不像现在似的有土木工程，不是垒墙，当然这个跟主题没有关系，它这里说的主题就是盖出房来也不能是死膛，我们是说它有多大的空间，按现在说的要买房子你先得要弄清楚有多少平方米——使用面积，就指的是「无」的这一部分。我们说的建筑面积要把墙的厚度，当然还有其他公摊的那些东西包括在内——今天不在这儿讨论置产物业的问题，是说房子的用途恰恰是因为它的「无」、有很大的一块「无」，如果那些地方不是墙就是堆的建筑材料垃圾什么的，里头全都填死了，你不是也没法用了嘛！

这些说法，我在十几岁的时候看了以后就奇怪，他这个思路——因为这些东西都太普通了，你要是跟爱抬杠的人

说的话，要是北京人，他可以有两个字评论：废话！一个罐子不能是死膛，废话，买一个罐子死膛？买一个车轱辘，那个轴得留一块空，不能说填死了，轴伸不进去，这也是废话！房子得空出来，说房子都占满了堆满了垃圾了，那房子还能用吗？不能用，这是废话！他说你是废话，可是你想想这是老子说得多么伟大的一个哲学的命题！原因在于他把这些平淡无奇的事理，上升到哲学的角度，上升到有与无的关系的角度来分析，来体悟。

老子的哲学是对生活的发现

他底下就做了一个结论，他说『有之以为利，无之以为用』，就是你有的那一部分东西是给你提供的便利，提供的条件，比如说一个房子你必须得『有』，你什么都『无』，那空场就不叫房子了，最多叫野地。你必须得有墙，得有顶子、地面，你得稍微修理修理，修理得当然越漂亮越好，你得有窗户得有照明，还得有门你得能进去，你得有很多的东西，但是只要你使用这个房间，那个就是『无』，就是提供给你由你自己来决定你怎么使用的『无』的那一部分。

这可是老子的一大发现啊，这个不得了啊！这给人一个什么启发呢？就是说哲学真理它不是脱离生活的、它不是从概念到概念的产物，相反，就是在我们每天的日常的生活里都有真理、都有道理、都有『道』、都有『无』和『有』的关系。

我在这儿讲课也是一样的，我讲了很多话，这是『有』的，但是毕竟还有很多东西我不能够讲，没有时间讲，我必须得留出时间来让咱们该散的时候得散，我不论讲多少理论，还有更多的理论需要听众们自己去体会发挥，我不论讲多少事例，还得留下更多的事体情理，请听众们去联系推论。该有的应该有，该无的应该无，讲得太简单了，就是『无』得太多了，令人摸不着头脑。讲得太详细太啰唆了，就是『有』得太多了，也只会惹人生厌。它处处都有这个『无』和『有』的关系。

『无』的优越性

我们顺着这个『无』和『有』的关系往下想，就觉得这里边学问大了，首先我们都知道共产党最经典的文件是《共产党宣言》，《共产党宣言》就提出来说：无产阶级失去的是锁链，得到的是全世界。在中国这样一个社会主义国家这个话也是家喻户晓的，这可以说是非常富有动员性的、也是非常富有文学性的一句话。当年，一八四八年马克思、恩格斯他们在《共产党宣言》上写上了这样一句话，这就是『无』的优越性了，因为它是无产阶级，所以它在当时的马恩所设想的世界工人运动当中、在世界的无产阶级革命当中，失去的只有锁链，得到的是全世界。就是说无产阶级因为『无』所以它不会失去什么东西。无产阶级因为『无』，所以它非常欢迎一场蓬勃的历史的暴风雨。无产阶级因为它『无』，所以它不惧怕社会继续向前发展。这是根据当时马恩的理论，是一无所有，成就了无产阶级的伟大历史使命与优越性。

比如说我们还有所谓『无标题音乐』，就是这种音乐只有什么C大调作品第364号、E小调什么多少多少号，不立标题。不立标题的意思是什么呢？随你去想象，它表达的是情感、它表达的是内心，它有一种纯粹性和自由感悟的空间。说来好笑，『文革』后期，还突然批了一通『无标题音乐』，驴唇不对马嘴。

另外有一种音乐很容易被理解，就是它能够跟具象的东西连接起来，比如说流水，《渔舟唱晚》的这一段是表达水声，

那一段是表达渔夫的心情，这样的音乐当然很好，但另外也可以有无标题的音乐或者无题的诗。李商隐写了很多诗，实际他的诗包括各方面，包括政论诗、包括咏史诗，但是李商隐最令人感动的、令人千古传诵不已的是他的那些无题诗，像「相见时难别亦难，东风无力百花残」，像「昨夜星辰昨夜风，画楼西畔桂堂东」，还有以诗中头两个字命名的其实也是无题诗，例如《锦瑟》。而且很奇怪，这些无题诗一方面是大家在那里争，好像并无定解——「诗无达诂」，另外一方面又是家喻户晓，人人喜爱。你说他不懂，他喜爱，你说他喜爱，他又解释不清楚，越是众说纷纭他越喜爱越如醉如痴，越是喜爱就越是作出千奇百怪、匪夷所思的解释。所以说正是这个《无题》本身给你提供了感受和思考的空间。

舒伯特还有一部《未完成交响曲》，这个「未完成交响曲」标题本身就对人有极大的吸引力。同样从这个意义上来说，我认为《红楼梦》也是一部「未完成交响曲」，正因为《红楼梦》后四十回原稿不可考了，现在大多数人考证出来的结果是：后四十回是高鹗续作的。对高鹗的续作虽然有高低不同的评价，但是这后四十回成了一个谜，成了牵心动肺的事情。在某种意义上正是因为这个「无」，还有一系列的缺失——无，如缺少作者的有关记录与档案、缺少写作情况的记载，缺少编辑出版阅读接受等方面情况的记录档案，这才有了红学。我这是开玩笑了：万一咱们哪一年在什么地方挖出一个大箱子来，从这箱子里一下子找到曹雪芹的原稿了，字还清清楚楚一点马虎都没有，这个高鹗的后四十回也就没有用了，对这四十回与脂批的「核对」呀那些研究探讨争论估计也就没有用了，咱们有好多红学家可就失业了。

所以说，对人来说有的时候需要一点无知或者是未知，这让我又想起著名的雕塑爱神维纳斯，她也是缺臂的，有无数的雕塑家试图想把这个——就是觉得她缺点儿什么还是不太好——老尝试着把这个断臂给她复原、给她安上。这样的姿势那样的姿势真的是应有尽有、各种各样的，但都觉得还不如没有呢。所以这个「无」的用处还是非常大的。

「无」是想象浪漫的前提

文学艺术里这一类的事情特别的多，比如说中国的国画特别讲究留白，就是要留下很大的一块空白的地方，不能弄得这么满。一个人做事、讲话都不应该太满，都应该留下「无」的部分。有时候人争取的是「有」，当然啦，比如说我没有工作我当然希望有工作，我没有学历我希望有学历，我没有工资我希望有工资，我比较缺钱我希望我更富裕，我没有对象没有情人马上又过情人节了我也非常希望有一个情人。遇到这种情况的时候可不能一味地「无」。但是我们想一想「无」是不是对人就一定是不利的呢？许多情况下这个「无」呢，恰恰是对人最有利的，为什么呢？要和成年人相比，青年人无地位、无资金、无可以特别说出来的成就，但是青年人他这三个「无」成就了他一个「有」，他有前途、有明天、有选择的可能性、有无穷的可能性，叫做大有希望。

而且「无」给人带来浪漫，中国人最喜欢在自己的诗里歌颂月亮、怀念月亮、想象月亮，连毛泽东主席诗里都是「我失骄杨君失柳，杨柳轻飏直上重霄九」，然后「问讯吴刚何所有，吴刚捧出桂花酒」，他说的也是月亮，因为中国人太喜欢月亮了。我这儿插一个话：以至于在三十年代的时候，上海有一批年轻的左翼作家发表了一个「不写月亮」的宣言，就是说中国整天写月亮，太没劲了，你不写人民的疾苦，我们今后再不写月亮了。但这个也非常的难做到，因为正是这种「无」它带来了那么多的浪漫，带来了那么多的幻想。

相反地说，美国人一项伟大的成就是登月，月亮上很多细沙，传来了许多照片，上面没有桂花树没有桂花酒也没有吴刚也没有兔儿爷也没有兔奶奶更没有嫦娥，一下子把那些浪漫都弄没了。但甭着急，因为今天的世界上永远有大量的东西你还是无知的，所以『无』不但带来了可能性，带来了前途，带来了使用的价值，它还带来了浪漫。对一件事无结论，这种情况之下有最好的讨论，有定论已有结论那你照办就完了，你反而没法讨论了。所以『无』可以带来许多好处。对刚才提到的那些命题：没有工作啊没有女朋友啊或者说也没有什么成就没有什么成绩，这都没关系，因为这都会有，都会存在有的可能。

我还要说无知识更是一个人学习的动力，而且是给学习提供了一种最好的状态：我对这个方面没有什么知识，我从头学起我从零做起，为什么我们的运动员在获得了冠军以后往往提一个口号叫做『从零做起』，就是你在『无』的状态下心情最放松，你的意志最坚定，无地位正是苦干和实干的机遇。这种情况之下你不会好逸恶劳，你也不会去依仗已有的权力、资金或者门第或者是父母过不劳而获的生活，无名声正是从头干起、从零做起的开始。

我们还可以举一个例子，就是有一些残疾人正因为他们失去了一些东西，他们做出来的某些成就就更加感人、就更加达到一个特别崇高的令万人虔敬的地位。例如天文学家史蒂芬·霍金，『二战』期间的美国总统罗斯福，我国作家史铁生等。

哲学的魅力在于发现生活

老子从『无』和『有』中能够考察出这么多道理来，我们随便聊一聊也可以聊出这么多的道理来，这就是哲学家，他跟生活贴近，他从生活中发现哲学，他从哲学中解释生活，而不是从名词到名词。我们从小学就知道的那些故事，说牛顿看见苹果『果熟蒂落』给了他灵感，最后他研究出万有引力。说瓦特由于看到烧开水的时候蒸汽把水壶盖顶起来，他发明了蒸汽机。说哥伦布发现了新大陆以后，别人说发现新大陆有什么了不起，新大陆就在那儿搁着呢，你走过去不就发现了？哥伦布就跟他们开了一个玩笑，他拿起一个煮熟的鸡蛋来，说你们谁能把这个鸡蛋竖起来，大家都不能，然后他过去，啪一磕他就把那个鸡蛋竖在那儿了。大伙儿说磕的这算什么！他说这很简单，你不磕这一下就竖不起来，我磕了一下就竖起来了，新大陆也是一样，你过去了你就发现了，但是你没过去就发现不了。世间的事就是这么简单，所以老子对无和有的考察也可以说是旷世奇才，是最普通的就和大实话一样，但是又是非常珍贵的一个发现。

由于无与有的这个思路，老子尤其反对盈、满，就是什么事不要搞得太充盈了太满了，老子在第十五章里说『保此道者不欲盈』，不希望它很充盈，『夫唯不盈，故能蔽而新成』，因为它不盈所以它仍然还像新的一样，那意思就是说它仍然还能吸收新东西，给自己保持一个永远获得生命的可能，这可以说是老子对我们中华文化的一个非常大的贡献。

中华文化对『一』的追求与崇拜

老子的另一套概念比这个说得稍微玄虚一点，不像这个这么容易接受，但是又特别有琢磨头，他说『道生一，一生二，二生三，三生万物』，有人说老子有两段话正好可以写成对联，就像老子的真理口诀一样，对联上联就是『道生一一生二二生三三生万物』，下联是『人法地地法天天法道道法自然』，正好连平仄都是对的，非常合适的。这是一副最

有名的对联，老子那个时期的语言不仅仅是为了论述，也为了有最好的效果，所以他的文字特别精彩、精练，而且里边奥妙无穷。

『道生一』的这个『一』的问题在中华文化当中也是一个非常关键的问题，因为中国是非常重视『一』的。他认为世界上不管有多少千千万万的形象、过程、怪问题、怪现象，但是思维的力量，人类的智力追求的是将万物概括为一。一切思考计算分析的最后一定有一个本质，唯一的本质，就是一。而有了这个一就有了一切，就有了二三四以至于无穷。

在中国，『一』表达了中华思维的一种整合能力、一种概括能力、一种综合的能力，就是不管什么东西最后它变成一个『一』。郭沫若在他的诗里最喜欢的词之一就是『我要歌颂这一切的一、这一的一切』。在我们中文里，『一切』就有一的意思又有群体的意思，就是群体不断地发展下去就是一切。老子在另外的话里对『一』又有一些更神奇的说法，『昔之得一者』——昔，古昔、过去——过去能够获得了『一』、获得了整体性、获得了关键、获得了大道的人。『天得一以清』，天如果按照这个唯一的统一的整合的大道来运转，天就是清澈的，就是干净的。『地得一以宁』，地要是按照大道来做，地就是安宁的，它不闹地震也不闹泥石流。『神得一以灵』，神如果能够按照大道来运转，它就是有效的，我们说灵不灵？灵！就是说它是有效的、能够运用的，用英语说就是能工作的。英美人喜欢说一个东西坏了不能使用了doesn't work，要翻译成中文就是『不灵了』。最早的时候我们旅游事业经营得不太好的时候，有一个美国人反映——那还是八十年代初期，说到中国的旅馆nothing work，什么都不灵——所以『神得一以灵』，那个时候咱们中国有的旅馆还没得到那个『一』所以它就不灵，你得到了那个『一』就灵活就管用了。『谷得一以盈』，说谷穗谷子得了『一』就能盈，这个谷穗，老子还是不反对它『盈』的，因为谷穗老是一半，那粮食更不够吃了。『物得一以生』，人和万物只有在符合大道的情况下，能生长、能繁殖。『侯王得一以为天下贞』，有人说这个『贞』实际上就是『正』的意思，侯王——当时国家的一个诸侯或者一个王，他能够按大道来做就能给天下人做表率，他的治理就能够有他的正义性有他的合法性。这里他把这个『一』字抬得非常高。

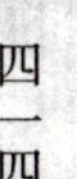

这个『一』到底代表什么？它不是一个简单的数学的数字的概念，这个『一』是一个很有意思的词，在某种意义上来说『一』是各种数字的一个根本的代表，有了一就有了一切。为什么呢？一加一就是二了，再加一就是三，没完没了地加下去就是无穷大。一减一就是零，再减一就是负一，所以你有了一就有了一切。我们电脑语言里其实也重视『一』，零就是断了电了，接了电了就是一。有了零有了一，二进位法，一切数字化的数据下载运作就都有可能了，所以这个一确实是一个非常神妙的概念。

另外一的好处就是说它既是群体又是具体，假设说我来到咱们这个讲座上和听众一一握手，这个意思就是我和每一个人都握手了，是不是？说我们举行了一场讲座，这又是一个笼统的，反正我在这儿讲了一次，大约个把小时。所以这个『一』代表了一切。英语也一样，叫做one by one，几乎可以全都包括进去了，一个又一个。

『道生一』兼论解读老子的可能性

『道生一』，这是一个非常麻烦的问题。什么叫『道生一』？历来有这么几种解释，一种解释：道即一，因为道生一，因有了『道』就可以把世界当作一个整体来看，所以道就是一，所以『道生一』，『道』使你把世界能够看成一个整体，

这是一种解释。

还有一种解释：古人喜欢讲的，说『道生一』就是说『道』生太极，道生了太极当然能讲得通，然后『一生二』，因为太极又生了阴阳，『二生三』说除了阴阳以外还有『和』气，能把阴阳调和起来的这一部分元素，就变成了三，这也是一种解释。这种解释也很高明，但是我个人不满足。

这里顺便说一下，我没有能力对老子做原意的或定论的这种探求，因为我实在没那个本事，说再找到别的资料，知道老子有一个录像或者他有一个日记或者有一个书信集，让我来考察一下他的思想，我没有这个能力，但是我愿意提出解释《老子》的可能性，就是从老子的语言当中获得智慧和获得启发的不同的可能，最好是多几种可能，多一点启发。这也算是自己个人的一种心得吧。所以『道生一』是什么意思呢？我理解的『道』是什么东西？『道生一』其实就是无中生有，因为道是无形的、道是无定量的、道是无可感觉触摸的，这样一个无形的『道』它是先于世界、先于万有万物压根儿就存在的。这个是老子的一大智慧，他不认为世界是永恒的，相反地他认为一开始是没有这些东西的，他说过『道之为物，唯恍唯惚』，好像他的那种描写特别像现在关于『星云』的学说，混沌、恍惚惚恍，『恍兮惚兮，其中有精』，『惚兮恍兮，其中有象』。『道』本身是一种无形的东西，是一种先天地而生的东西，这些东西以后从这种无形的『道』——我常常用的一个词：下载了，它下载了以后就变成了一个有形乃至于有情有态的多媒体的存在了，它就变成了一个有形的世界、一个有形的宇宙。当然，有人细抠这个，说宇和宙哪个是代表时间哪个是代表年代，说那个年代还没有时间和空间的概念，所以不能用宇宙这个词，那没关系，咱们不用这个词都没关系，总而言之它是

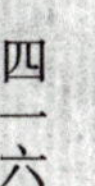

从一个无形的『道』变成了一个有形的大千世界，这就叫『道生一』。我觉得我们这样解释，也就是把它和那个『无』跟『有』联系起来。让人挺开窍的，甚至心情非常愉快的，就是世界从『无』当中会产生出『有』来，能产生出一个有形的世界、一个有灵性的——按中国人喜欢说的是——有情的人间。

『道』是无形的也是无情的，从这个无形的无情的无灵性的『道』当中，产生了这样一个世界，这个世界是有形的，这个世界尤其是有人的，有了人以后是有情的也是有灵性的，这是一个世界发生的过程。这可以叫做『发生学』。这个『道生一，一生二，二生三』和我们在最开始讲到的『人法地，地法天，天法道，道法自然』正好是一个相反相逆的过程，因为『道』是一个终极的同时是最原始的概念，它是一个真理，看不见摸不着，但它是万物运动的规律。现在是反过来说，先有了这样一个规律、有了这样一个定论，然后产生了万物。

『道』的根本在于从无到有又从有到无

老子认为『道』是一个永远的存在，有了这个存在，万物才有可能——比如说按照唯物论的观点，我们把生命看做是特定的物质，尤其是蛋白质，这是当时恩格斯《自然辩证法》的说法，当然生命、生命科学有很长足的发展，不是我的知识所能达到的。恩格斯说是由于许许多多的物质尤其是产生蛋白质以后，生命才能够出现了。如果说这个说法是正确的，我们今天仍然按这个说法来解释的话，那蛋白质产生生命是根据什么原理呢？这也等于说，生命是后生的，它的产生是有条件的，但是蛋白质能够产生生命的真理是从来存在、压根儿存在，无条件存在的。

这等于就是说：『道』根本的原理是一种从『无』能够生出『有』来的原理，所以老子认为『道』反过来能够产生出『一』

来，产生出一个有形的世界、有情的人间来，这实在是非常精彩的说法。

然后『一生二』这个『二』有几种可能，第一种可能：从无形的『道』到有形的世界、有情的人间，这已经是『二』了，一个『道』一个『人间』，一个『无』又出来一个『有』，这不已经是『二』了嘛，就像一个主观一个客观、一个大道一个万物、一个发生原理一个真正发生了的世界一样。第二种可能：任何一种『道』它本身不是一个单向的，它不是一个平滑的单一的存在，任何『道』都有它相反的因素，我们刚才讲到『天得一以清，地得一以宁』那一段话底下有一些话比较费解，他说『天无以清，将恐裂』，如果这个天老不清弄不好它就裂了，天要裂天要漏缝的，这当然是古人的一种想象。说『地无以宁，将恐废』，这里他写的是『发』，但是学问家都考证说这个『发』实际是『废』，说地本身也废了，也没法用了，因为它不宁。『神无以宁，将恐歇』，这神不宁了就只能歇菜了是不是啊？『谷无以盈，将恐竭』，就是如果谷穗不按照『道』来生长来种植，那么谷穗都是瘪的，那就吃不饱了，起码你肚子枯竭了是不是啊？『万物无以生，将恐灭。侯王无以贵高——有的地方是「无以争」——将恐蹶』，『蹶』就是摔倒的意思，就是说万物如果不能够正常地生长就灭了，侯王不能够做天下的表率了、不符合『道』了就会摔倒，就会跌跤。

『道』本身包含了自己的对立面

这一段话比较费解，既然天就按照『道』来运转，它怎么还『无以清』有裂的危险呢？地也是按照『道』的是不是啊？『人法地，地法天』，那他怎么还能够说『无以宁』它就会废掉了？其实我觉得《老子》里又有一个非常深刻了不起的思想，就是『道』本身包含着大逆不道的可能，这不是一个单行线，这是一个双行线，『道』本身除了好的那一面——

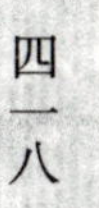

就像现在我们国家领导人也常常用『天行健，君子以自强不息』来勉励人民——之外，天有天灾，地有地害：有地震有泥石流有滑坡有塌陷有火山爆发。人有人祸，更应该警惕：人有所谓大逆不道，你做那些不符合客观规律的事情，不但能够毁坏人间的正常的运转，还能毁坏地毁坏天破坏环境——什么气候变暖什么厄尔尼诺现象等等，所以老子起码涉及了这个问题，虽然他没有仔细地研讨这一点。

『道』本身并不是一个单一的直线的平滑的顺顺利利的运动，而有着产生自己的对立面的可能，所以『一生二』也还包含着一个产生自己的对立面的意思，老子前面就说了『前后相随』『高下相倾』，有了高就有下，有了前就有了后，有了美就有了丑，有了生就有了死，有了善就有了恶，什么东西它都会分成『二』，有了阴还会有阳，有女生还有男生，有小孩还有老头，有健康的人就有生病的人。健康的人是『道』，那么人生病就是『无道』吗？『道』本身就已经包含了得病的可能，生老病死任何人不能够逃脱的。

我们知道一个词：一分为二。一分为二是毛泽东最喜欢提倡的，因为他是一个革命家。他说一分为二，就是世界上的任何事物都是由对立的两面斗争所形成的，所以他要强调一分为二，强调要用『二』革现存的『一』的命。有一个电影叫《开国大典》，《开国大典》里——我相信这些场面都是有根据的——就有毛主席跟他旁边的一个什么人好像是一个民主人士讲话，是谁我记不清了，毛主席就说：蒋介石就是讲天无二日，我就是要另外给他出个太阳看看。我觉得这是非常符合毛主席的一分为二思想：你不要以为你蒋介石就能坐稳江山，你不能以为你的那一套就能治理国家，我接受了共产主义的思想、社会主义的思想、马克思主义的思想，我另外出来一个太阳，我这个太阳成了。所以

毛主席喜欢讲一分为二。

一分为三

老子对『道』的理解，他的这个『一生二，二生三』是太了不起了！『二生三』更精彩，我觉得这是精彩中之精彩，用现在的词叫『重中之重』，就是说你有天有地，还有一个天地和人的叫做『三才』的说法，天和地的活力凝聚在了一起，才有了人。什么叫『道生三』？就是有了世界有了天地，然后天地又有了人，这就是『三』了。有了阴有了阳以外还有『和』气，不仅仅有阴气有阳气还有和气，就是说任何的事物除了对立的两种状态以外还会有第三种状态，不一定是中间状态，也可能是一种新的状态，也可能是一种结合以后的往前走了一步的状态。

为什么我特别喜欢这一段呢？因为我很尊敬的一位学者、一位老师叫做庞朴，他近年来就提倡一分为三。我们还要注意对立双方斗争的结果有时候有可能出现一个第三种状态，不见得非得是综合的状态而是一种新的状态。庞朴还批判过杨献珍——原来的中央党校的校长还是副校长反正是常务校长吧，他讲『合二为一』。但是庞朴教授就说我们举过这样的一个例子，他说过去我们讲市场、讲商品——那时候还没讲市场经济——常常说一抓就死一放就乱，这就是一分为二，因为你抓得管得太多，这经济生活就死了就呆板了，你放手了随便吧它就乱了，什么三聚氰胺、什么假冒伪劣就都出来了，庞朴说我们作为哲学家，要研究的就是除了一抓就死一放就乱以外，我们能不能有第三种情况，就是抓而不死放而不乱的这么一种情况。其实类似这样的思想也不是庞朴教授一个人发明出来的，因为黑格尔对辩证法的理解已经是讲『正反和』，任何事物都有正体，然后反了，它就有了第二个体，一分为二了，然后经过正反的一

段相当长时间的斗争和变化，又在新的基础上回到了原来的状态，或者叫否定之否定。这些词我们过去其实听到的都是非常之多的，但是我们现在看看老子，老子那个时期当然没有庞朴也没有毛泽东也没有黑格尔，但是老子已经注意到了是『一生二，二生三，三生万物』。

为什么叫『三生万物』呢？因为『三』的意思就是有了『一』，有了它的对立面，那么『一』和『二』互相斗争，又出现了新的东西就是『三』，又有新的东西不断地出来了，不就有了万物了吗？要光两人、光两个东西在那掐，你掐死我了，然后再出来一个反对者，又变成原来的那个反对方了。我掐死你了，我那儿便又出来一个反对的，又成你了，事物只是在循环在打转，就永远不会有发展变化了。

『一生二，二生三，三生万物』就是大道本身意味着事物在它们的斗争当中、在它们的矛盾当中、在发展当中，出现新的东西、新的可能，也包括和解的可能、和谐的可能。所以我说老子这个『一、二、三』是非常的、特别高明的对世界的一种看法，有很深的智慧在里边。我想一定提醒大家，它不仅是一个简单的数字的变化，如果说只是一加一等于二，再加一就等于三，这个是非常简单明了的，但是『三生万物』的时候就是各种可能性都可能出现，所以就有了这个大千世界。

超越简单的两分法

我们现在谈老子的『一、二、三』观点还有一个好处，这个所谓『三』的观点有助于我们克服那种简单的二分法所造成的极端对立的情绪，比如说『非黑即白』，说你不是我的盟友你就是我的敌人。这样的论点不仅中国有外国也有，

说谁不是我的盟友谁就是我的敌人。但是中国人的思想恰恰相反，按照我们的传统文化是提倡中庸之道的，所以『一生二，二生三』，只有从这个观点你才能理解『中庸之道』。过去我一直认为中庸之道是中国的一个恶习，因为『五四』时期有很多人是很讨厌这个中庸之道的，认为中庸之道就是什么不阴不阳、不男不女、不好不坏，什么事都模棱两可，好像是这样的事情。其实中庸之道不是这个意思，就是苏格拉底和柏拉图他们也都有类似中庸的看法，他们认为两个点之间的那个中点是最可取的。所以『一生二，二生三』帮助我们掌握中庸之道。中庸的意思，有学者解释说『中』的意思实际上是恰如其分的意思，并不是正中间。就是什么事要恰如其分，不要过分。而『庸』的意思就是保持常态。我想这对于我们的思维方法是有好处的，所以『一生二，二生三，三生万物』的观点能够帮助我们避免走极端，能够帮助我们使我们的思想行为做事更加准确沉稳。

在『一二三』的讨论中看中西文化观念的差别

『道生一，一生二，二生三』好像不是像此前讲的那些内容那么容易理解，虽然看上去非常简单，这是因为它高度概括——用数字来概括，但是表达的又不是一个数学问题而是一个哲学问题，是人生经验的一个高度的浓缩、高度的总结。但是想一想我们的生活跟这个『一、二、三』问题实际上联系得也非常密切。首先说我们的中华文化，由于我们长久的可以说是完备的封建社会形成了我们对『一』的崇拜，我们对『一』有一种特殊的感情，比如说忠心不二，这就非常明显，『二』是坏的事情，忠心只能是一。好女不嫁二夫也是，你只能够一。我们说一往情深，这是一个很好的词，一如既往也是一个非常好的词，你觉得这个人很靠得住，说我现在一如既往，这在中国是非常好听的话。在

其他的文化里不一定是这样的：一如既往——白活这么几十年了是不是？它不完全都这么理解。始终如一——这是马克思回答他的女儿的话，问『你最喜欢的品质是什么？』他说是『目标始终如一』，所以马克思也很喜欢这个『一』字。一元化的领导。我们可以看到古代的许多哲人都希望能够找到一个概念，这个概念甚至是一个字，这一个字能够解决一切的问题。它可以是『道』。『孔曰成仁』，就是人对人的爱——『仁』。『孟曰取义』，到了孟子那里是『义』，也就是正义、就是核心价值、就是基本原则。他们都希望找到这么一个关键，这个关键解决一切的问题。这和我们中国人的或者说东方人的思维观念、思维方式、思维习惯也有关系，我们愿意找一个概括的东西、一个大的概念来解释一些具体的事物。

西方人不是这样，他们愿意从一些具体的事情来归纳出一些规律。我们希望什么呢？就是我们认定了大概念管小概念：『道生一』，道是管一的，一是管二的，二是管三的，三是管万物的。这是我们中国人的思维方式。我们的思维方式认为要抓主要矛盾，主要矛盾解决了，次要矛盾就迎刃而解。这是非常中华式的思维方式。外国人不这么想，我们随便举一个例子，比如说细节决定成败，这个就有一点外国味儿了。我们看我们的诸子百家包括老子，他们从来不告诉细节会决定成败。外国人重视工具、重视这些细节：你要想把你的家庭安全搞好，你一定要把防盗门做牢，你一定要把这个门闩做得很结实，外人让他拧不开，拿刀撬也撬不动，不留缝隙。他们这个观点是跟我们不完全一样的。

崇拜『一』也警惕『一』

老子的这些说法开阔我们的思路，能感到一种思辨的快乐、感到一种智慧的沐浴——人家这脑子他怎么长的呢？

王蒙讲说《道德经》系列

他怎么能够把世界上的事想得这么多呢？——对我们是非常有帮助的。当然中国的话里对「一」也有批评，不是没有批评，所以它也有警惕、也有制约。比如说一意孤行，这可就不是好话了，一相情愿这也不是好话，光你想干什么就干什么，比如说您要结婚，结婚你得两相情愿，一相情愿你不可能有成功的婚姻。一手遮天，这就更糟糕了，这说的是坏话了。

所以中国文化里又同样有把「一」僵硬化、把「一」绝对化的，得有所批评、有所警惕。中国在政治上有一个很重的语词，是批评某一个时期或者某一个范围之内成为头儿的人，骂人的话叫「独夫」，「独」本来就是「一」，独夫的意思就是说你脱离了人民、脱离了群众、脱离了部属、脱离了朋友、脱离了亲戚，你变成了一个独夫。

老子讲这个的时候反过来又讲，说「孤啊独啊」这些都是最难听的，就是孤家寡人。但是君王要用这个字称自己，他说这个字表达的本来是君王们的谦虚，我们看京剧、看《三国演义》，都是称孤道寡，「孤寡」本来是最难听的，谁愿意孤寡啊？孤寡老人属于五保户、属于民政要特别照顾的低保的对象，但是位置特别高了他称自己孤、称自己寡，说明他把自己看得很低下，这是老子那个时候这么说的。到后来称孤道寡本身变得牛得不得了，有野心、想当皇上——变成了这个的表现。

那么「二」呢，又有各种各样的说法，有很多说法是不好听的，过去批评大臣说你有二心，基本上他就有灭门之祸了。「有二心」是什么意思？你不忠于君王，你想背叛你的君王，所以曾经把这个「二」当成一个很不好的字。中国人对于「三」应该说很多时候是有感情的，我们说天、地、人叫「三才」，有什么三星高照，但是《老子》里没有涉及到这儿。还有学者说「三」的可爱之处在于有三个点就可以保持稳定了，只有两个点是无法稳定的，不是往这边倒就是往那边倒，但是有了第三个点以后它就容易保持平衡、容易保持稳定。

这个「一、二、三」说起来非常抽象，但是从我们的身边、从我们自己的日常的经验里边，甚至于我们会感觉到我们在感情上在经验上都跟它是有一定联系的。虽然我们在座的并没有君王，但是我们同样也有那种喜欢说一不二、不喜欢听不同意见的人，有「二」和「三」在你的旁边，那是好事情。其实有二和三是最正常的，如果你只有一个点就更稳定不了了，所以当有了「三」以后，一、二、三同时存在的时候它就是一个最稳定和谐和平稳的状态。也不是说有了「三」就必定能平稳了，但是起码让你有找到那种状态的可能性。

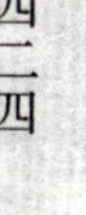

第五讲　宠辱无惊

朝为座上客，夕为阶下囚

今天我想讨论「宠辱无惊」，这是老子的名言之一。老子有许多名言，我们中国人说话，其中就离不开老子，有些我们现在常说的话，最早都是老子先说的，像什么「哀兵必胜」「无中生有」，尤其是「宠辱无惊」，成为很多人的座右铭。五十年代我开始学着写小说的时候，去看望也算我的老师的当时《人民文学》的执行副主编、老作家秦兆阳，他家里就摆着四个字「宠辱无惊」，就是不管是宠爱还是冤枉乃至于侮辱，你不必反应过度，不要一惊一乍，就是这么一个意思。

王蒙讲说《道德经》系列

老子为什么提出这个来呢？因为春秋战国时期天下大乱，群雄并起，此起彼伏，都在那儿争权夺利。另一方面，有许多的士人，就是读书人——有人说是叫知识分子，有人说这不叫知识分子——我们不讨论这个，知识分子是个新词，就是这些读书人吧，每个人都在宣传自己，都跟卖狗皮膏药的一样，都希望自己的这一套，能够被哪一个诸侯国的君王所采纳，然后自己可以出将入相，可以治国平天下，可以执天下之牛耳，所以都在那儿卖弄。有时候能导致所谓『朝为座上客，夕为阶下囚』。搞这一套的叫说客，我们念『说』（税）也行：说客。说客有时候去找到某个君王，得到机会跟他侃了一上午，然后那君王爱听，接着跟他说，又侃了一下午，又侃了一晚上。哎，第二天早上把他封成了相国了。朝为座上客，夕为阶下囚——刚封成相国，又出什么事了，怀疑是他干的，晚上就把他又扣上手铐子，送到监狱里去了。所以一宠一辱，摸不清怎么回事儿。

得宠这个话并不好听

老子说『宠为下，得之若惊，失之若惊』，『宠为下』是什么意思？什么叫『得宠』？你是一个下面的地位，你是一个卑下的地位，你才有这个宠不宠的问题，所以这个『宠』字不太好听。地位平等的时候，就谈不上宠，就只能是我们相爱：我喜欢你，你喜欢我。父母对孩子可以说宠，宠物指的猫、狗这些东西，所以『宠』这个词并不好听。宠爱、宠信、宠幸、得宠、失宠、宠用，这个『宠』要查汉语字典，就是偏爱的意思，比如我有三个儿子，对三个儿子都很好，这不叫宠，我偏偏对其中一个百依百顺，这个叫宠。所以宠这个词不是特别好。一个人需要别人宠，他这处境有点可怜。

我想起八十年代初期的时候，有一个西方国家的记者访问我，跟我聊到我写作艰难的历程，起起伏伏。他就说 but you are in favor now——但是你现在是受宠的啊！是不是英文稍微好听一点，好像 favor 一词没有在我们文化当中那么难听，就是喜欢。但是因为我英文不好，我一听到 favor 就好像说你现在是得宠的，我一下子脸就红了，本来我够有经验的了，但是我不爱听这个话，因为『宠』并不好听。

范进中举与小公务员之死

说你得宠的时候，你要是再一惊一乍的，就更丢面儿了，宠得一惊一乍。这个例子也有，《儒林外史》里的范进中举，他去考试的时候，他的岳父大人胡屠夫、宰猪的，说你也应该撒泡尿自己照照，你还考什么试啊，别给我丢这人了。结果他一下子考中了，报子来给他送喜报。一开头他不信，后来他信了，说『中了，中了，中了』，牙关紧咬，不省人事，他傻了，他疯了。后来吴敬梓描写得也很刻薄，说怎么办呢？得找一个平常他害怕的人。他怕谁呢？就怕他那泰山、老丈人、宰猪的。那宰猪的横横地就过来了：你中什么了你中！啪，一个嘴巴打过去，他好了。当然这是小说家言，一个极端的例子，但是说明『宠』也能把一个人宠惊了，宠得他找不着自个儿了，都不知道自个儿是老几了。

至于辱、受惊，这样的例子就更多了。比如契诃夫的小说《小公务员之死》，说一个小公务员见到一个大官，很紧张也很有幸福感：哎呀，我能见到这位大官。可是这时候他一过敏，咔嚓！他打了一个喷嚏，打完这喷嚏，那个大官就一皱眉头，这当然是很不礼貌的，外国人要打喷嚏，第一他要赶紧捂上，第二他要说：请原谅——excuseme，我对不起，很失礼。可是这小公务员一辈子没见过大官，好容易得这一个机会见大官，能给大官留有好印象，将来对他

说不定还有好处，结果他打一喷嚏，就很紧张，回去以后就不断地写信啊，想法托人啊给大官解释，说我不是故意的，说：大人，我打那喷嚏可不是成心的。那大官哪有工夫管他打不打喷嚏，他当时皱完眉也就完了，如果要拉出去斩首，当时也就拉出去斩了，要是没斩首也就没有这回事儿了。可他纠缠起来没个完，第二天他见到这个大官，还说：大人，昨天我打那喷嚏——这个大官可真火了，说你讨厌，啰嗦什么。得！他一见大人对他这样脸色，马上回去就病了，死了。当然这也是非常极端的。这极端地表示了一宠一辱都能让人惊。

《红楼梦》中的得宠与失宠

《红楼梦》里头就更多了，《红楼梦》里的丫鬟得宠也很偶然，比如说红玉，那个小红本来没有人知道她，正好赶上一个巧合的机会：王熙凤要传个话找不着人，一看小红来了，问两句话，她嘴皮子还挺利索，就说你去给我找谁谁谁——找你平姐姐，就是王熙凤的家里边，传一个什么话给她，她传得很好，回来以后报告得清清楚楚。就这么一件事，凤姐说：好，以后你留在我这儿使用。录用了，有了工作了，就这么着就得到了一个Job（差事）。这个也是宠，但是这种宠有非常令人感到悲凉的一面，就是那么偶然的、被动的，不能自主选择的，而且不一定是最有道理的，因为你不可能先来一个演讲比赛，再录用一个口齿伶俐的人。

辱也一样，我们看晴雯，一般地认为晴雯是很有性情的，是不会搞奉承拍马这一套的，但是晴雯同样地在客观上需要得到宠爱。她为什么在病中冒着危险给贾宝玉夜补孔雀裘，就是为了能够得到贾宝玉的宠爱。当然我们现在没法做这个化学实验，说这里有多少是一个少女对一个靓仔的爱，有多少是一个下人对主子的取宠，这些都有。她又无端地受辱，实际上她什么问题都没有，但是她被王夫人、被王善保家里的侮辱一通，赶回家去，她就死了。所以说宠辱

这一关是非常难过的。

谁能做到宠辱无惊

我年轻的时候特别佩服这几个字——宠辱无惊。那个时候我谈不到有太多的宠和辱，但是也免不了有顺心的时候，也有不顺心的时候。那时候我是做团的工作的干部，所以我老想『宠辱无惊』简直太好了，要是能够做到宠辱不惊，这个人会显得多么沉稳，多么高尚，而一宠一辱，一惊一乍，又有多么丢脸！

『宠辱无惊』的状态对我们现实生活当中的人也是非常有意义的。尤其是中国人比较在乎面子，在西方的文化当中面子的说法淡一点，相对比较实事求是，是怎么回事，就是怎么回事。而我们可能就比较在乎自己在别人心目当中是一个什么样的位置，或者别人对我的评价是什么样的？太在意了，才会产生这样极端的情形。有些当干部的，非常在意排名字的顺序，所以有时候我们只能够按姓氏笔画排，万一不按姓氏笔画排的话就很别扭，有时候排的就靠前，有的时候排的就靠后，这些做排名工作的人也很难，因为有的人可能差不多，你到底把谁放在前面谁放在后面？人家说这叫名单学。

所以一方面大家都觉得宠辱无惊这个境界特别好，一个人能做到宠辱无惊：他很镇定，他有定力，他有静力，我自岿然不动。不管你对我今天都说好啊好啊，我还是这样，说他不行了，不行就不行了，我还是我。要是做到这一点是太理想了，但是几乎没有什么人能完全做到这一点。能够控制得稍微好一点就已经是不错了。为什么做不到这一点？

都知道宠辱无惊好，没有一个人说：宠应惊，辱应大惊，宠应歇斯底里，辱应满地打滚。没有人发表这样的理论，可是就是做不到宠辱无惊。

大患若身

老子对这个也有一个看法，他说为什么宠辱有惊呢？就是『贵大患若身，吾所以有大患者，为吾有身，及吾无身，吾有何患』。他说为什么宠辱你都会惊呢，你把宠辱看得和你自己的身家性命一样重要，把宠辱就看成了你的身、你的生命的全部，你把什么事都想到自己的身上，这样的话你就是宠也惊辱也惊。如果你能够不想自己，能够忘我，能够不考虑自身，那你还有什么可惊的呢？

老子这话说得特别漂亮、特别精彩，而且还说得特别彻底。你想一想没有我这一身存在，根本就没有这个王某人存在，这样的话谁还宠他呢？谁还辱他呢？可是它漂亮得也让你感到有一点难受，它做不到。他说到终极了：『为吾有身』，当然没身就没我，我的身是我生命的下载载体，是我生命的家园，是我生命的依靠，你要把我这个身体给灭了，你上哪儿去找我这个王某人，你找不着了，当然也就既无宠也无辱，其他问题也都没有了，饥饱的问题也没有了，工资的问题也没有了，路线问题也没有了，什么问题都没有了。

这是不是老子的荒谬

关于这个又有一段名言，也是中国人，尤其是中国的读书人相当熟悉的一句话，叫做『人之大患，在有吾身，及吾无身，何患之有』，这个大概中国人读过一点书的、高中以上的都知道这个话，但是对这个话的理解就有很多不同。

自古以来就有一些大知识分子、大学问家说老子说得太荒谬了，说你讲得好是好，但是这是荒谬的。为什么是荒谬的？因为人的存在是以身的形式而存在的，他不可能无身，你丢了一条胳膊还有身体，你丢了四肢还有躯干，你不可能完全无身，所以认为这个话是荒谬的。包括钱锺书大师，都曾经在他的笔记当中，引用历代名家对老子的『人之大患，在有吾身』的批评质疑。

但是我很喜欢琢磨这个话，我总觉得这个话有一点弦外之音。老子说得很简单，『人之大患，在有吾身』对于我一个写小说和读小说的人来说，我觉得这句话相当沉痛，你有没有这个感觉？『人之大患，在有吾身』，就是我这个生命——因为『身』就是生命，我的生命，我的身体给我带来的痛苦太多了，佛家认为人生的痛苦是生老病死，这也是身的痛苦。出生会给你的母亲带来痛苦，你自己一生下来有很多的危险，这是你的痛苦。老了老了，首先你的身体老了，疾病带来痛苦，还有死亡。所以这里头本来是包含着几分沉痛的。在文学当中引用这句话或者表达这一类思想，都是以一种痛苦的呼号这样一种性质来讲这句话。并不是说是通过这个话号召大家：忘了你们自己吧！佛家有，佛家是另外的，要求你忘掉你自己，道家也有，但是文学里也喜欢引用这个话，把它当作一段痛苦的话来引用。

『五四』以后，比如说在郁达夫的作品里边，甚至于在鲁迅的作品里面，尤其是描写一些知识分子的时候都有这样的心情，就是我之所以倒霉，谁让我有这一百多斤呢，这个我也给它弄不好，那个我也给它弄不好，我这么样做也不对，我那么样做也不对，饿了我闹腾得慌，我饱了也撑得难受，我有女朋友，或者一个女生有男朋友，我们之间会发生各种问题，如果我什么朋友都没有，孤独一个人，也都是问题，总有一种沉痛的心情，甚至于是悲观的心态。

消化痛苦，提高人格

最近还有一些文学杂志刊登这一方面的评论，说这叫做中国作家的灵魂突围，说为这个『有吾身』，要考虑找到一个解决的办法。但是我们再进一步想老子的意思，还真不是，至少不完全是要在这儿长叹一口气，更不是想在这儿表示：我的妈哟，人生太痛苦了！不是这个，老子不是这种人，这种人小说家可以是，诗人可以是，老子他不是这样的。老子说这个话的意思是什么呢？他承认人的存在，人的自我意识、人的身体的存在带来了许许多多人生的苦恼，其中很突出的表现就是宠辱有惊：宠亦惊、辱亦惊，这是人生一个很大的苦恼。但是老子的特点——不仅仅是老子的特点，是中华文化的特色之一，就是在承认这许许多多的问题以后，有一种方法把它消化掉。问题很多，生老病死、宠辱、饥饱顺逆，他希望你能把这些问题都消化掉，来提高自己的人格，用提高自己的人格、提高自己的境界、自己的智慧的方法把这些问题消化掉，消化掉以后你就达到了一个超凡脱俗的高度。

那么怎么消化掉呢？我们来探讨这个问题：彻底的没有吾身，这是做不到的，除非自杀，自杀以后还得火化，要不火化的话，你那个身还在那儿，还得存在一个时期，腐烂一个时期，所以你不能用那种方法。但是我们对老子的很多主张，可以慢慢地、逐步地、降格以求地、一点一点地去理解，你要一味较劲：请问李耳先生，怎么样能够无吾身呢？你给我一把刀，还是一条绳，还是自焚的工具啊？不是这个意思，起码你可以把你自己的小我看得稍微轻一点，不要看得那么大。

老子后边又有话『故贵以身为天下，若可寄天下；爱以身为天下，若可托天下』，老子提倡什么呢？就是说如果

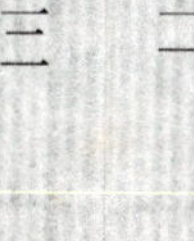

你把天下看成你的身，在我们今天来说，就是和社会——那时候大概还没有社会这个词，如果你把天下看成你的身，因为你活在这儿，不是你一个人在这儿活着，当时的天下——也还没有国际、世界的意思，当时认为就是中国，有这么一个国家，周围有一点番邦，再不然就是海，四海之内皆兄弟——当时是这样一个看法，无非就是说，你把这个小我跟大我要结合起来，不光把它看成你个人的事情，不光把它看成你自己这一百多斤、这五尺高的事情，而是把它看作一个众人的事情、看作一个大我的事情，你的境界就会恢弘得多。

我们可以从老子谈的这些问题里头知道，要想宠辱少一点惊——完全无惊你可能做不到，我也没做到，我说老实话：我受到表扬，我得了奖我高兴，我受到误解，在网上被人骂一段，我不是那么高兴——生气也不见得，我要真为这生气早就没有我了，但是我不高兴。可是你少一点惊可不可以？可以，怎么做到呢？增加你自己的尊严、提高你的人格、增强你的自信，就是说我对我自己是有一个了解的，我自己要做出最大的努力，这样不管是宠是辱，我还是我，我有一定的自信，我不会跟着别人的话走。在过去的政治运动当中，我也翻过车、我也没过顶，如果要跟着别人说的走，把自己说成大坏蛋，你就真觉得自个儿是大坏蛋，觉得：算了，这么大的坏蛋，你把他灭了算了，为社会除一害，为国家除一害，那你就完了，你就惨了。

另外，得宠也可能是你某个时候符合工作的需要，或者符合社会的需要，符合领导的需要，或者是符合老百姓的需要，这个宠还不要光看成从上头宠，也还有社会和群众的宠爱。这个方面表现在演艺人员身上最多，演艺人员有时候摸不清原因，他忽然就受到宠爱了，他并没有觉得他那次演出特别好，但是他就受到了宠爱。也有时候被喜欢了几次，

[illegible]

王蒙讲说《道德经》系列

[illegible]

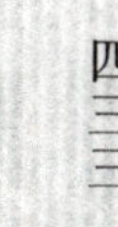

忽然他也没有觉得自己演得特别差，结果就被骂上了，三年翻不过身来。也有这种事。

以尊严和信心对待宠辱

这个时候，碰到这种无端走运、无故得宠，忽而又是无理受辱、无由倒霉的情况，你如果自己有尊严、自己有信心，就能够做到像《岳阳楼记》中范仲淹所说的『不以物喜，不以己悲』，就是不因为外界都说你好——外界，这个『物』指的是外界，不因为外界都说你好，你自个儿就真是乐滋滋的，就飘飘然，你真以为自个儿在天上飞呢，你化成大鸟了。不是！同样也不因为自己受到一些什么议论，甚至于被误解、被冤枉或者被别人给栽了赃，也不因为这个你就显得非常的悲伤。在中国，不管哪一家，不管儒家道家，中华文化非常提倡一个人的始终如一，一个人能够稳住自己，我们经常讲稳定稳定，要想稳定首先你自个儿得稳定，你要自个儿一惊一乍、一东一西、忽左忽右，早晨这么说，晚上又那么说，听到一句好话，立刻就恨不得跟人亲密无间，听到一句坏话，立刻就翻脸、就恨不得跟人家动刀，如果你是这样的一种人，就成不了什么大事。所以人要增加自信和增加尊严。

谦卑与钝感

但是老子也有另一面，整个《老子》五千言里，提倡你要自尊自信的话并不多，相反的，是提倡你要谦虚、你要卑下、你要和最底层的人保持同样的水平。这个事很有意思，你提高自尊可以宠辱无惊，你要是加深你的谦虚，也可以做到宠辱无惊。我在『文革』当中在新疆农村里劳动，我就发现农民是最坦诚的，因为他觉得他没有什么面子可以丢失的。我在新疆的农村里头，见到的农民是各式各样的，有世世代代的农民，有的是当了干部，后来在政治运动当中或者是经济问题上犯了某种错误，甚至于是被开除了公职的，有的是被关过三年五年的、十年的十五年的，我都见过。他们说出来都特别坦然：我当过科长，我就当了三年科长，就给抹下来了，抹下来以后，还在哪个劳改队待了六年，回来了，现在我踏实了。他是这么说的。这个一般的知识分子或者干部很难做到。我们会觉得一个人受处分了，或者是人家别人都升了，你没升，你都觉得是很丢面子的事，可是在我接触到的那些农民当中，他们完全没有这个意思。他们觉得人世中，就是有这种起伏、有这种升降、有这种荣辱，这都是人生所无法完全避免的。至少他有这一面，是不是这一面就完全好——你什么都不在乎了，如果说得难听的话：都没皮没脸了，好像也不算是一个很完整的、很理想的人格。但是你要是什么事在乎得太过分，所谓『心细如发』，如果一句话、领导的一个眼色，可以让你高兴得半夜睡不着，或者又有哪个领导传来的一句话，让你恐惧得连着三宿不睡觉，那你很快就要发作疾病了。所以我们也需要有这一面，这一面是什么呢？就是我们应该有很好的心理素质。

最近有一个日本人写的书用了一个词，这个词比较新，内容意思并不新，这个词叫『钝感力』，和『敏感』相对应的，就是你对有些东西不要太敏感。中国古代有一个说法：明察秋毫，秋毫就是秋天动物身上刚刚长出来的特别细的毛。如果这个毛你都看得清清楚楚，这是不吉祥的，因为『水至清则无鱼，人至察则无徒』（《汉书·东方朔传》），什么一点一滴的屁事，你都看得清清楚楚，长着一副X光一样的眼睛，你说这个人谁还愿意跟他合伙、谁能跟他一块说话啊？这个钝感力，实际上就是有些东西要能放下，有些东西能够视而不见，你只能抓大放小，你不可能什么东西都亲自过问。

这个意思老子是有的，所以他讲恍惚，就是有些事你不要太清晰。

多几个世界

加强心理素质，我觉得还有一点非常重要，就是说一个人应该多有几个世界。你有你的工作，你还有你的业余爱好，你还有你的探索和学习，你还有你自己的家庭、自己的亲人，你还有自己的朋友，你还有你自己的娱乐、社会交往等等。这样的人也比较经得住宠辱。比如说我在我们单位宠辱无惊，实际上这个偏正词组侧重的还不是宠，侧重的是辱，因为宠了以后你再惊吧，找你丈人打两个嘴巴，你也就治过来了。可是辱了以后你要惊得太大了，你就会想不开，你可能上吊，你可能像晴雯那样得病死亡，所以它更侧重的是辱。但是你要多有几个世界呢，工作上没戏了、评级没戏了，但是我还有另外的世界啊，我家庭仍然过着幸福的生活，不是每一个人都有幸福的家庭啊！你经过那么多曲曲折折，反反复复，但是我的家庭充满了温馨、充满了幸福、充满了关爱，这难道不是人生最大的福气吗！而且我还要读书啊，我可以是做——比如是做经济工作的，我读书探索思考，这没人限制你。我可以研究老子，我可以研究庄子，我可以研究孔子孟子，我可以研究苏格拉底、柏拉图、海德格尔，在读书的精神交流当中，我得到了无限的快乐，扩大了我的心胸，增长了我的才干，在各种知识当中——北极南极太空行星以至于动物植物、古代现代当中，我享受着知识的快乐。你再剥夺你剥夺不了我这个知识的快乐。我的职位很容易就剥夺掉了，不担任这个职位就不当嘛，但是我有这种知识的快乐。再说得干吗一点，您别的都没有了，起码你还有一点个人的爱好吧，你喜欢下象棋，你好好下两盘象棋也能够让你增加钝感力，两盘棋你都赢了，你挑战一个对手、很高的一个对手，你把他赢了。你打桥牌、你喜欢体育、你喜欢打球——这个『宠辱无惊』从积极的方面来想，一个人是完全可以做到的。

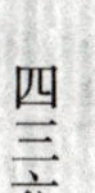

对宠辱都要有准备

要想做到宠辱无惊，还要更深一步地了解老子辩证的思想，用一种智慧来对待宠辱，这更是非常难得的。从老子的学说来说，他认为世界上的事情都不是单方面的，有宠就会有辱，宠了你，在某种意义上就冷淡了另外几个没有得宠的，宠了另外的人很可能就冷淡了你，这是无法两全的，是无法什么都照顾到的。因此，逆、顺、兴、衰、宠、辱、通、蹇——那个字念『jiǎn』，像赛字似的，底下变成一个足字——这些都是不可避免的。

如果有智慧你就不管做什么事永远有两手的准备，一种是成了，一种是败了，又一种情况可能是大部分成了小部分败了，因为你照顾不完全的。做一个讲座也一样，你讲得非常的通俗，可要是遇到研究生遇到博导，他就会说你讲这些太普通、太一般了。如果你讲的到处是引文，还不断得有中文的引文、英文的引文，还有拉丁文的引文，你这学问上去了，可是没人听了。所以说做任何事情的时候都要有这两手的准备，尤其是在你成功的时候、胜利的时候，你要想：做不好怎么办？用现在股市上的语言就是有风险的准备，那你的智慧和没有风险准备者就应该有很大的不同。

这个辩证法一直是贯穿在老子整个的思想当中的，包括之前我们讲到的『无中生有』『道法自然』，其实都是说事物有自己的规律，你不要一惊一乍的，看着是这样了就认为永远是这样，它是有变化的，它是永远在运动过程当中的。

所以老子这个『宠辱无惊』，你要单独拿出来说，这个问题也许不好解决，但是你要和整个老子相辅相成，和物极必反的这样一个世界观联系起来，你就会觉得这个事情不单纯是一个心态的调整问题，『无惊』是一个心态问题，

也是一个世界观的问题。

宠辱无惊与物极必反

老子的这些想法实际上在中华文化中源远流长，甚至于到了《红楼梦》里头，《红楼梦》刚开始不是太久就写秦可卿死了。秦可卿死以前给王熙凤托梦说，世界上的事情都是『月满则亏、水满则溢』——月亮太圆了它也就到了头了，十五十六了，十五的月亮十六圆或者是十五圆，那么十六十七以后它就开始往下亏了。水太满了本来很好，但河水太满成了水灾，流出来失去了很多水，很多水利失去了甚至于变成水害了。秦可卿在梦中——这是小说家的写法了——说了一句话：荣辱自古周而复始，原来这个秦可卿也是一个哲学家，曹雪芹是哲学家，可惜我们没有把秦可卿或者是曹雪芹请来参加咱们这个《中华文明大讲堂》。秦可卿也有这个观念，她不谈宠辱，因为秦可卿既不是大臣也不是丫鬟，所以她不好说宠不宠的问题。但是她说『荣辱』，这个就更有意思，就是有荣有辱，这些东西，往往是互相经常变化的。一个人一个家庭，荣华富贵再加荣华富贵，不可能全是荣华富贵，他或者他们也会碰到屈辱损害，会碰到天生的祸事，俗话叫做天有不测风云，人有旦夕祸福。佛家的说法叫做无常，没有永远的胜利，没有千年的荣华。这点辩证法都没有，他只能是自取灭亡。

宠与辱的两面性

然后我们再讨论一个问题，大家都喜荣喜宠，拒辱厌辱，这是当然的，很自然的。如果不是这样的话，这个国家也没法运转了，如果越光荣我越不干，越耻辱我越干，这个国家完蛋了。但是又能够有一个适当地掌握，就是我们仔

细分析一下，宠荣对一个人有多大的好处，有多大的危险；辱、枉——冤枉，辱，耻，对一个人有多大的好处有多大的危险。这个世界上的事还真是很难说，宠和荣对人的好处是鼓励他的信心，使他心情愉快，趾高气昂，得意洋洋、满面笑容，两眼放光，这些当然都是很好。甚至于在这种情况之下，他的地位越来越高，待遇越来越高，在这种情况之下，连择偶征婚对他都有好处。但是它也带来风险，就是你实际上没有达到那一步，一下子各种荣誉、各种宠爱集于你一身，这种情况下，第一有很多人不忿，也有很多人盯着你、找你的毛病。再一个你自己可能有骄傲的情绪，你可能有浮躁的情绪，你可能不愿意细听别人的意见、不同的意见，甚至于你会变得非常的忙碌，你整天的不是在这儿所谓的曝（暴）光，或者是用台湾的念法曝（pù）光，不是在这边曝光，就是在那边接受献花，然后还得参加什么社区——新的社区、小区开幕仪式。你会丢掉你的业务，把特长丢掉。有很多很多这样的危险。我们看到许多许多这样的例子，就是一旦出名以后，一旦得宠得荣以后，反倒生活被打乱了，没法过非常正常非常平和的日子了。

那么辱呢，辱好不好呢？当然不好，辱会使你抬不起头来，会使你灰心丧气，特别是对于软弱的人来说，你辱他两次他就得病了，他的细胞开始恶化、癌化。他自己把自己的正事、正经的业务丢掉了，这种可能性都有。可是反过来说，辱的时候、一个人失败的时候，遇到挫折的时候，他反倒能够塌下心来，能够好好总结自己的经验。我个人就深深地感觉到，逆境当中是学习的最好机会。一个人在逆境当中，很多事都不能做了，但是他还能够学习。在我处于逆境的时候，有朋友给我一首诗看，这是当年黄山谷的一首诗，他说『外物攻伐人』，就是外界有一种对立面，这种对立面攻击你：『外物攻伐人，钟鼓做声气』，又敲锣又打鼓，也搞得有一套气势，也有跟着上的，也有不知就里的，

就跟着一块来找你的麻烦，叫做落井下石，叫做墙倒众人推。『待渠弓箭尽』，这『渠』是渠水的渠，但是这个『渠』是代名词，不是说渠水，说等着这些攻伐你的人又开枪又放炮又射箭又打弹弓又扔石头的时候——他有打光的时候，他打光了他的弓箭了，他的喷头的狗血他的抹黑的狗屎都用完了，『我自味无味』，这个时候我自己来体会来咀嚼这件事的味道——无味，就是没有味，就是我要吃那个没有什么滋味的东西。

宠辱的不可预见性

这是老子的一个观点，我们后边还可以讲，就是我不追求厚味，而追求无味，『道』本身是无味的，既不甜也不酸也不咸，所以我等这个过程，它总会过去。『外物攻伐人，钟鼓做声气』现在锣也不敲了，鼓也不敲了，弓箭石子都用完了，沙土都用完了，然后我自己看看，我觉得挺可笑的，我品品这滋味，人生原来如此，原来坏人也还有一点表演，原来傻子也还有一点表现，原来跟着起哄的也有一点闹腾。因为我就有这样的经验啊，有这样的人跟着起哄，既可厌，更可怜。他们会在关键时刻说一点对你非常不利的话。做一点操作你的事情，但是他们实际上又吗目的也没有达到。

你可以说你得到了宠、你得到了荣、你得到了爱护，你得到了支持，但是如果你发展得太快了，或者是膨胀得太过分了，或者是时过境迁了，这种时候你又会感觉到，怎么当年的风光不再了，怎么好日子不来了？也会有这种情形。对于我们一般的人来说，其实我们都有这样的经验。但是还有一些行业，这种情况的幅度特别大，而且来得特别快，一个是运动员，一个是演艺人员。你说运动员吧——当然我们都是从新闻报道了解——我们舆论导向强调的就是他得

金牌不是偶然的，是他从小就有大志，父母就关心他，党和政府又给了他什么样的条件，然后教练又怎么好，多少勤学苦练，经过了十几年的努力，达到了今天这个成绩。这个话说得对不对呢？当然对，你不可能生下来就是冠军。但是反过来我也要问一个问题：辛辛苦苦锻炼的可不止你一个人，可是金牌就一个啊！好教练也不止一个，党和政府也不是就关心你一个人。一个少年体校里边学员多了，有前途的多了，身体素质好的多了。他上来得这么快，常常是自己没想到的，有时候也是教练没有想到的，甚至于有意栽花花不发，无心插柳柳成荫：原来体委、体育协会押好了说他可能得金牌，他要得不上，另有两人也可能得银牌得铜牌。对不起，结果你定好计划的那个人，没得到金牌，没想到的一个人，勉勉强强上了名单的这个人，他得了金牌了。所以有时候人上来得非常快，一快，一取胜，马上就成了榜样，成了典型，成了人物，一切都不一样了。又是奖金，又是奖牌，又是新的身份身价称号头衔地位，怎么得了！相反的，如果他有几次成绩下降，再赶上什么药检，出一点什么问题，一下子就完了。

有时候群众对一个演艺人的宠，也是很有趣的一个现象。我知道，因为我也接触一些艺术家，有一些演艺人员，无法具体地分析，用一个词叫台缘，就是他有人缘，他一上去，别人不服也不行。如果有人说，他的嗓子，他能唱C、升C3，唱到什么程度，我比他嗓子还高呢！没用，你没这个缘，观众一瞅着你那种趾高气扬的样子，他烦你。有这种事。所以这种宠辱，实际上对于一个人的影响是非常大的。

零心态与从零做起

我们的运动员每次参加比赛的时候，领导都要反复地说，不要背包袱，不要心情紧张，一定要把自己调整在最佳

状态，忘掉你过去的成绩，从零做起等等。这可以说是对运动员、对演艺人员的一个宠辱无惊的教导、一个希望。对运动员来说可能更难，因为他毕竟是在运动场上，处于一种高度紧张的竞技状态，所以对运动员的心理素质要求可能要比演艺人员还要高一些，他的成败有时候就是这一瞬间。篮球队赛那么半天，最后差一分半个球，有时候能让你活活窝囊死，你要高兴呢也能让你活活高兴死。在运动的竞技当中，你处在一个兴奋激动的状态，肾上腺激素大量分泌，进行超水平发挥的状态，这是很正常的，但是你对于胜败得失要能够看得很开，看得很豁达，这是我们最提倡的。你做到这一点，不但能做好的运动员，说不定将来还可以当好体育总局的局长，或者你将来不管是经商或者是做什么事，你都比别人更沉稳，都比别人更理性，有更好的思考。

老子的『宠辱无惊』不容易，即使不容易，我们还得信它，我们还要向往它，它给咱们立了一个目标。

我这一辈子各种宠辱经历的多了，我今天不在这儿说，我并没有做到绝对的宠辱无惊，但是我早就知道，我从十几岁就知道『宠辱无惊』这四个字，我早就喜欢这四个字，我崇拜这四个字，我向往这四个字。这四个字对于我来说，比美女还美丽。遇到我惊了的时候，我怎么办呢？我对自己念几句：宠辱无惊，我已经有一点惊了，但是我宠辱无惊，宠辱无惊。我念到第三遍的时候，就比刚上来那么惊的时候，稍微好了一点，不信你们试一试。你们都是宠辱有惊的人，我不相信在座的就已经做到宠辱无惊了，我不相信，但是你知道这四个字，你把它当做一个信念，多读它几遍，多念它几遍，甚至于您给自己写上『宠辱无惊』四个字，像我说的那个老作家，在这个桌子上，摆在这儿：宠辱无惊。你瞧瞧：你的心态、你的境界跟原来有所不同了。

当然，有时候语言本身是有一种局限性的，用我们的说法，语言有时候给人留下陷阱，因为任何一种说法，在表达某方面意思时不太可能兼顾到其他的方面。比如说宠辱无惊这个话好不好？我说很好，我刚才讲了，我很喜欢这个话，我很佩服这个话，很多人在自己的家里边做所谓座右铭，在自己的案头都写着这一句话。但是另外也有话，也很好，叫『士可杀而不可辱』，就是你作为一个堂堂的读书明理的人、一个准知识分子或知识分子，杀头是可以的，侮辱我是不可以的，爱荣誉胜过生命，为了荣誉我可以不要生命。为什么呢？因为我要：我爱吾师，我更爱真理，我不能够向强权低头，叫做『富贵不能淫，贫贱不能移，威武不能屈』。我想上述所说的这些都是这样。那么遇到外敌入侵的时候，说我宠辱不惊，你谁来谁就来吧，谁愿意统治就统治吧，我到时候听喝就行了。那就太没有出息了，那甚至于会变成坏人了，所以老子所说的『宠辱无惊』有特定的所指，他指的就是春秋战国那个时代，尤其是士人——准知识分子或知识分子，他受到了君王、受到了权力的宠或者辱，我觉得他指得非常清楚，他讲『吾身』也是这样，他讲的是小我的那点宠和辱，他并不是说为了一个民族的尊严，并不是说为了捍卫真理，为了捍卫自己的理念而做出的斗争和牺牲。我觉得这一点我们与其去抠他的字眼，然后挑他这个字眼的毛病，不如从他的所指，从他说话当时的环境，来体会他这些思想当中可供参考的部分、对我们有所帮助的部分。

当然这也是事实，整个通篇的《老子》讲辩证讲得多，讲『退缩』讲得多，讲『无』讲得多，他讲奋力拼搏讲得少，他讲『不争』，不争就是咱们——比如说朋友之间或者一些所谓烦琐的、无所谓的、意气用事的争论，仍然应该不争，但是你要是上竞技场不争行吗？更高、更快、更强，如果说在奥运会上，因为咱们是产生过老子这么伟大的哲学家、

作家的国家，那你们谁爱得什么牌就得什么牌吧，上我这儿领来就行了，我们『不争，莫能与之争』。那就成了笑话了。比如说韩复榘——山东的国民党军阀韩复榘看打篮球，说几个人就争一个球，这么可怜，多买几个球给他们就不争了——我想当然不是这个意思，老子在『不争』里要求一个更高的境界，要求一个所谓『不争一日之短长』。

论万世、高境界

在汉语词典里收了『宠辱无惊』四个字，它是怎么解释的？就是不要计较个人得失。这个解释很容易理解，不要过分地计较个人得失，而不是说一概不许计较，会计给你发工资，少发了二十块，那你该计较就要去计较。你买东西找钱，多找给你你也要计较，赶快还给人家，别揣兜里带走了，那对不起自己的良心，也对不起售货员。所以我说他都是有针对性的。老子的『宠辱无惊』还让我特别想起中国一句很有名的话，这句话是宋末元初的学者谢叠山的，但是后来被很多人引用过，他说：『大丈夫行事，论是非，不论利害，论顺逆，不论成败，论万世，不论一生。』就是我考虑一个事，我做一件事情，我不在乎这一时的得失成败，我不在乎这一时的收益或损失，我不是做小买卖的，赚两毛我就干。我要考虑万世，就是永远的，我这事做的是顺还是逆，是合乎大道还是大逆不道。他这个气魄太高了，操作起来也难。我老琢磨这个『万世』，万世有多少？一万年还不够一万世呢。要是『一代』，按照西方的说法是把三十年说成一代，那得三十万年。我现在实在无法想象三十万年以后的事，三年以后的事我还敢想，三十年以后的事，我就拒绝多想了，如果三十万年以后的事，我更想不了了。但是他的这个气魄，他这个含义还是很好。后人还有一个解释，说你如果是论一时的，只是论当时的那点得失、成败，那么孔子孟子这一辈子都过得寒寒酸酸，他们不是成功者。按现在所谓的成功者的标准，

孔子有什么成功的？教了一点学生，人家送他一点腊肉，然后他到处周游——所以为什么有一本书从负面来说，当然也有争论——说『丧家狗』，说孔子不过是一个丧家之犬。他没地方待，谁也不听他的，那些君王、那些权力的拥有者都不听他的，孟子也一样。所以说要论万世的话，孔子孟子都是万世之师表，永远有他的精神的光辉，他的精神的资源永远对我们有好处。老子也一样，你要论老子当时他算什么呢？管一点图书馆，图书馆那时候都还是竹简，拿竹子在上头刻，搬着还挺费劲。后来他提倡一些比较奇怪的理论，没有几个人真听他的，然后骑着一头青牛就出关了，你们看鲁迅的小说《出关》，那个老子的形象甚至带几分滑稽，既可怜又滑稽。但是，万世也还没到，两千多年以后，现在的——因为查不出来，就说两千五六百年的事——在社会主义的中华人民共和国的首都，在BTV讲堂上，我们仍然津津有味地来讨论老子的这些表面看来稀奇古怪，实际上又对人很有助益的学说。所以你如果有了『论万世』这样一个心胸，做不到也没关系，你打个折论五千世，你有一个论五千世的这么一个心胸，那你当然宠辱就无惊了。你惊什么啊，你今天宠我，你明天还能宠我吗，你能宠我一百年，你宠我一百年你也没了，我也没了，谁也宠不了谁了。你今天能辱我，你永远能辱我吗？所以他这样一种心胸、这样一种气魄、这样一种针对性，对我们还是非常有启发意义。

第六讲　知白守黑

黑格尔盛赞『知白守黑』

老子有许多名言，我们讲过了『宠辱无惊』，同样『知白守黑』也是一句名言。这句名言的普及程度不如宠辱无惊，

但是它发挥的影响，它在老子语言的魅力方面处在特别突出的地位。为什么呢？我们可以看到，例如欧洲的哲学家，尤其是黑格尔，他非常陶醉于老子的这句话。他不懂中文，但是他理解什么叫『知白守黑』，就是说我把自己沉浸在无边的黑暗当中，然后我去寻求，我去注视光明。这个实在是很美的一种境界，它让我们想起一个青年诗人诗里的名句：『黑夜给了我黑色的眼睛，我却用它来寻找光明。』它也有一种美，当然这个诗人后来自己的经历上，有许多令人遗憾的地方，让人感觉他找了半天，还是没有找到这样一种光明，而是永远沉默在黑暗之中了。

保持温和

老子的原话说『知其雄，守其雌』，就是我知道什么样是强有力——过去认为这个『雄』指的是一种非常强有力的雄强——『守其雌』，可是我保持温和。在各种典籍当中，我只有在《老子》里看到这个说法。他在另外一章里，说坚强是死的特点，而柔弱是活的特点。他说草木死了以后很坚强，一撅就折，它不能弯的；一根树枝、一棵树都不能弯，但是它活着的时候是能够弯的。老子的思路真是非常奇怪，因为坚强——我们认为这是一个非常美好的品质，非常正面的一个品质，但是老子说坚强——我查了《辞源》，还有很多字典，我们现代的汉语把『坚强』完全是当做一个正面的品质来说的，这原因与我们经历过长期的民族斗争和阶级斗争有关。我们提倡的是一种坚强不屈，一个务求彻底胜利的品质。但是在古代的汉语词典里，『坚强』里已经包含了某些强硬，或者是不肯打弯、不肯回旋的意思。另外我又查了英语，英语里的坚强是既包含着很坚决很强盛，也包含着比较执拗、比较偏执这个意思。老子说『知其雄，守其雌』，就是我知道怎么样才能表现出我的强烈、厉害，但是我经常不那么强有力，我比较温和。

绅士的风度

有时候我想这是一种风度，温和是一种风度，在英美的语言里，说一个男士很文明很好，就是gentleman，那么gentle是什么意思呢？就是温和的、轻柔的。我八十年代第一次去美国，在一个写作中心里碰到几个法国作家，我当时一下子还不容易接受，因为他说话老是那么细声细气的。我说怎么这法国男人一有学问都跟大姑娘似的。他给你这种感觉，他提倡轻柔。

老子说『知其雄，守其雌，为天下谿』，就是像溪水一样，在低处悄悄地流着，它不是大河，不是大河滔滔，更不是海啸。『知其白，守其黑，为天下式』，就是什么事，我心里都跟明镜似的，但是我自己不必急于跳出来，把什么真相都跟你们揭露、都告诉你们：我可是什么都明白，我告诉你们，他们什么事我可都知道！他不，他不这样。这个『知其白，守其黑』是最抽象的，还不像『知其雄，守其雌』。

摄像镜头的启示

在这儿做节目，我还抓住了一个『知其白，守其黑』的典型例子，是什么？就是咱们的摄像机，你看那摄像机它对着咱们，对着的是白，咱们在灯底下，咱们要沉浸在黑暗当中呢，那这节目它就没法做。但是摄像机必须放在黑的地方，它要放在亮的地方——我这是班门弄斧，孔夫子门前卖《三字经》——实际上常常还把摄像机藏在观众的座位后头，让大家看不见，你越看不见它，它越把你看得清楚，你说这逗不逗。如果它露在外面，大家都看到它——当然这里头有许多理论，有光学的问题，有摄影材料的问题，有数码录像的问题，或者还怕影响大家的情绪——如果这不

是『知其白，守其黑』，我就找不着一个『知其白，守其黑』的例子了。下次如果我再出书，我希望能够把这个摄像机的例子弄一个图片，让它黑糊糊的，露出一个摄影机来，对着挺亮地，这就叫『知其白，守其黑』。

这句话它还有一个意思，这个白和黑是什么意思？就是把你自己、把认识的和行为的主体置放在一个不太有知识的位置：我这儿没什么光，我这儿没有多少知识，我从头学起，我看你们各位、我听你们各位的。这个摄像机为什么能够有很好的摄像的效果？因为它本身并不想介入我们的讲座，它无意进入讨论。如果这摄像机认为它自身对于讲老子有自己的看法，而这看法又跟我不一样，摄像机就有可能与我们的讲座打上架了。

这个『知其白，守其黑』我觉得还有一个意思就是苏格拉底所说的：我唯一知道的就是我什么都不知道。这话说得有点艺术化了，有点文学化了。你说苏格拉底什么都不知道？这你也别抬杠：苏格拉底什么都不知道，你不知道你爸爸是谁吗？你肚子饿了你不知道吃饭吗，你渴了你不知道喝水吗？那就是故意抬杠，故意抬杠苏格拉底也没辙，他也得认输、投降：行了，我不说话了。完了！但是他说的这个意思是什么呢？就是你面对世界的时候不要把自己当做什么都知道，你什么都知道，你就无法接受信息了。你面对这个世界的时候，我不能说你是一个电脑第一次初始化，但是起码你是关机以后重启。你不能说已经是三年半不关机，你这儿在接受各种的信息，在上网，在下载多媒体图片音乐，内存饱和，那就太困难了。『知其白，守其黑』里包含着这样的意思。它有很多其他的意思，我底下再说。

老子为什么提倡低调

同样在这里还有什么呢？有『知其荣，守其辱，为天下谷』，前边已经说了『宠辱无惊』，但是他又说『知其荣』，

就是我知道什么叫出风头，我知道什么叫荣华富贵，我知道什么叫衣锦还乡，但是我『守其辱』，我宁愿把自己放在一个比较卑下的地方、一个比较谦卑的地位，我并不觉得我比你们更能出风头，我也并不觉得我跟你们比，我一定是金牌选手，不一定，也许在座的很多朋友，他们将来得的牌比我还多。他有这么一种心理，有这么一种认识，宁可做天下空空洞洞的，而且是最底下的那个山谷，我不是山峰。也就是用一种低调的方式处理人生的各种问题。这是不是人生的唯一方式呢？不一定！人生，尤其是西方世界讲竞争，它讲一个人应该彰显自己的本领，应该张扬自己的个性，你应该走到哪儿去都说：我是最好的。这也是事物的一个方面，而且也很应该提倡这种进取精神、创造精神、拼搏精神。

为什么老子偏偏要这样消极地讲说呢？我觉得这有几个原因：一个是老子是生活在春秋战国时期，一片混战、危机四伏、胜负难定，叫春秋无义战，都在那儿争权夺利，没有谁是正义的谁是不正义的区别。所以在这种情况之下，老子看惯了有许多人由于过分的追求、过分的表现自己、过分的高调，最后都没有好下场。商鞅变法那么厉害，最后什么下场？吴起打仗那么厉害，什么下场？太多了这样的故事，庞涓原来压倒孙膑，最后是什么下场？可以找无数的故事，说明越高调你的危险性越大，你越是什么都知道，最后证明你是什么都不知道。所以老子强调这一面比较多，但是我们今人用不着，我讲老子不等于我是老子这一派，我不是这样，我只是从老子那儿得到我能够得到的东西，该争的时候还要争，该明的时候还要明，该痛快淋漓的时候还要痛快淋漓。你想一辈子老是『知其白，守其黑』，那到处都是白就您一个人黑，两眼一抹黑，你心情也是黑的，这一辈子也太窝囊了，该亮堂一回咱们也亮堂一回、该痛快

淋漓一番我也挥洒自如一番。也有这一面，所以『勿谓言之不预』，把这话先说到这儿，免得咱们再抬杠，说老是『知其白，守其黑』。

知与守并不统一

这个知什么守什么：知雄守雌、知白守黑、知荣守辱，里边还有一点小小的提醒，也可以说是人生的一个小小的悲哀，就是你的知和你的守，并不能达到统一的水准。你知道的是一切心明眼亮，什么叫『知白』？我心明眼亮，我有各种各样的信息；什么叫『守黑』？我能做的是有限度、受很多条件限制的，因此我用不着到处做一切皆知状，我用不着到处做心明眼亮状，我更不要到处做——毛泽东在《实践论》里边批评过——叫『知识里手』，就是你什么事都内行、万事通、无所不知，你不要做这种状态，这种状态人家别人很烦、很讨厌你，你更不容易把事弄成功，所以就要懂得知和守的区分与距离。

同样的『知雄守雌』也是这样，我知道怎么去争第一，但是我用不着什么事都争第一。比如赛球，我代表我们本单位去赛球，我争一次第一，这我好好争；说吃饭我也争第一、涨工资我也非得争第一不可，抬杠非得把别人压倒，损得别人一句话都不能说了，面红耳赤了恨你一辈子，恨你八辈子才好，你不要这样。相反你该退让的时候退让、该谦虚的时候谦虚。

『知荣守辱』更是这样，好事多了，都能让你全占上吗？你已经得过一个奖状了，行了，第二个奖状、第三个奖状让人家得吧，你再没完没了的，是奖状都归你，是好事都归你，这样最后的结果常常是不妙的、适得其反的。老子这一点看得比许多人都高，看得比许多人都深，就是『知』可以走在前头、可以超前，但是你做事情、你把握自己——所谓『守』就是把握自己——把握自己你稍微滞后一点、稍微靠后一点，这是老子的人情战略、这就是一个人生战略。你如果说这是处事权术，是老子的处事权术，当然也不能绝对化，也有到时候『行不行先冲上去』的这个时候，你要打仗的时候『知白守黑』，我明明能胜我不往前冲了，我一边找个土丘我趴那儿得了，那当逃兵弄不好给枪毙了，更守不住了，连命都守不住了。所以这个知什么守什么也令人叹息，既令人赞叹又令人叹息。

知白守黑的延伸

『知白守黑』的说法对我们后世的中国人，以至于对于今人都有很大的影响，许多说法都与知白守黑有道理情理相通的地方。为什么呢？我们现在有许许多多的对政治、对社会、对人生的说法，这些说法我们都可以往『知白守黑』上挂靠一下。我举例来说，譬如说毛主席有一个有名的话叫做『卑贱者最聪明，高贵者最愚蠢』，这句话是毛主席为辽宁省安东市安东机械厂——它自力更生研制出我国第一台轮式拖拉机——而做出的批示。毛主席说这个话是什么意思呢？就是说——当然这个和毛主席的意识形态有关，毛主席这一生提倡的就是要站在大多数的受压迫受欺负受剥削的工人、贫下中农一边，来和老财、地主、资产阶级，甚至于是和资产阶级知识分子精英们做斗争，这是他的一个意识形态的表示，但同时他讲的也很有道理——有些事就是卑贱者聪明，因为卑贱者比较实际，卑贱者都是直接从事体力劳动的，都是脚踏实地的，他没有忽悠的余地，所以农民是最不信忽悠的，他是最能够什么事都从实际上来考虑的。

一九五八年『大跃进』的时候，当时我们有一些急性病，农业上要放卫星，某地就报道白薯，说一亩地出了

八十万斤白薯。当时我已经在运动里自个儿出了事了，我就在农村劳动，虽然我在农村劳动，这些『大跃进』的喜讯，我还得给农民念报，还得帮着扫盲，还给宣讲，我就给他们宣讲，我说现在一亩地能打八十万斤的白薯。农民听着他不言语，然后他自个儿在那儿算，算半天告诉我说：老王——其实我当时并不老，人家叫『老』也是表示客气吧——说老王你知道什么叫八十万斤白薯吗？他说一亩地这白薯每一块都跟你一样大，排队，挤在那儿，站在那儿，跟列队一样，都挤在这一亩地里，都不到八十万斤。当然我没去做过实验，它到也好不到也好，反正农民他不信。相反的，大知识分子信、大科学家信，怎么信呢？我就不提了，因为大家都是好心。大领导也有信的，还有写文章的，还有论述为什么白薯能够放卫星的。

卑贱者他比较实际，所谓卑贱者他也比较谨慎，为什么？因为他没有什么本钱，他输不起，如果这个事我要做坏了的话，我家底就这么一点点——当时来说，有的时候一年的结算才几十块钱，那还算不错的，要上百块钱就算不错了，当时当然物价也不一样，我五十年代后期在北京郊区劳动的时候，农村的食堂每个月的伙食费是三块六毛钱，下放干部多交是交七块二毛钱，这跟现在的物价当然不一样了，现在你三块六毛钱、七块二毛钱吃一顿都不行，那时能一个月——所以说农民他没有什么本钱，他不敢胡作非为、胡思乱想，只能够实实在在一件事一件事往下办。

还有一个，卑贱者也有点『知白守黑』的意思：我这儿的资讯非常少，我这儿也没有多少大道理，我这儿既不举行讲座，也不举行研讨会，我这儿既没有博士、硕士，也没有教授、副教授，因此我看什么东西眼见为实、耳听是虚，而且我是从下往上看，我是最底层的，要现在来说更有新的词了：我是弱势群体，我站在弱势群体这一边来看待那些大的人物、大的事情、大的口号，判断哪件事、哪个口号是好的，是干得通的，是能够给老百姓带来利益的；还有哪些口号、哪些说法，那纯粹忽悠，那是知识分子哄知识分子，你朗诵诗行，真正这么办事不行。我觉得农民有这么一种观点，这在今天来说，就是说我们事事要照顾到大多数，要注意人民的大多数，要注意弱势群体，和这个观点也是一致的。

韬光养晦

其次还有一个说法、还有一个思想，这个思想在我们中国也非常重要，就是『韬光养晦』，『韬』是剑套，把剑放在套里，不要让它光芒四射、锋芒毕露；『养晦』，『晦』就是一个相对模糊的状态，『养』是保养也是保持，你保持一个不特别扎眼的状态，你不要做人做得太扎眼，做人做得太刺激了，他就是这么一个意思。当然这个意思我们也可以抬杠：我这一辈子就不兴扎两次眼了？我穿件衣服谁也没有穿过，吸引一回人家的眼球就不行啦？这是另说。我们先研究老子他是怎么想的。韬光养晦这个词不是出自老子，它是后来的故事，我就说老子的这个思想：知雄守雌、知白守黑、知荣守辱，特别符合韬光养晦这个原则。比较著名的韬光养晦的故事，其实还是三国的时候，曹操请刘备吃饭，吃饭的时候问刘备，现在天下有什么英雄——煮酒论英雄——刘备就给他胡扯，刘备就是在韬光养晦、知荣守辱、知雄守雌，他专门说那些不成样子的人：袁绍、袁术，凡是真正的英雄他绝对不提，他提那些最平庸最不成事的人，按照我们老百姓的话说就是揣着明白装糊涂，刘备他就是装糊涂。为什么呢？他怕引起曹操的注意。曹操跟他说，你说的那些都是不值一提的废物，真正英雄就俩人，一个是你一个是我。刘备一听吓得筷子掉地下。曹操说你怎么了？赶得巧正好天上要下雨，反正不是人工增雨，打雷了，刘备趁机说：刚才雷声一响，我害怕了。曹操就想怎么这么胆怎么天上要下雨，反正不是人干涉的，打雷了，刘备趁机说，啊呀雷声响，我害怕了，曹操就想原来这么个胆小鬼，说的那些都是不值一提的废物，真正英雄就两个人，一个是你，一个是我，刘备一听吓得筷子掉地下，曹操说怎么了？人，我们从这个故事的结论就是需要伪装自己，刘备他就是装糊涂，装个胆小鬼，由此打消了曹操的注意。一样，也就是一门心思不择手段的人，袁绍、袁术，凡是真正的英雄都能各个捕捉住机遇，他把那些人平时装的就文，包括就在于他的时候可对答，在天下有什么英雄——煮酒论英雄——刘备就装在他的世，刘备就显示在韬光养晦，如果知白守黑，知荣守辱，特别符合韬光养晦这个原则。比较符合韬光养晦的故事，其实还是三国的时候，曹操请刘备我们先研究老子他是怎么想的，韬光养晦这个词不是出自老子，它是后来的故事，我们就是老子的这个思想，知雄守雌，也可以抬杠，我这一辈子就不太主张大家去改了，我觉得你在那也行，我这个上下都就是引一回人家的眼球，这就是说保持一个不特别扎眼的状态，你不要做人做得太扎眼，做人做得太刺激了，他就是这么一个意思。当然这个意思我们放在这里不要过分地往前冲，韬光养晦，一辈子就是一个相对模糊的状态，一辈子是保养也是保持，你具体还有一个说法，还有一个意思，这个思想在我们中国也非常重要，就是韬光养晦，一韬一晦，韬是剑套，把剑

韬光养晦

大家说，就是说我们事事要顺顺利利到大多数，要注意人民的大多数，要注意群体，和这个观点也是一致的。说法，那就是知识分子，但是知识分子特别的讲究，真正这么办事不行，我总是在强调这么一种观点，这么大的事情，大的口号，哪件事，哪个口号是最好的，是不是能够给老百姓带来利益，老百姓有什么好处，哪些

从下往上看，我是最底层的，要现在来说更有新的词了，我是弱势群体，我站在弱势群体这一边来看待那些大的人物，也不举行研讨会。我这儿既没有博士、硕士，也没有教授、副教授，因此我看什么东西服务为人、事物都是通，而且是还有一个，与其说我这儿有点坦白交代的意思，我这儿的资讯非常少，我这儿也没有多少大道理，我这儿跟不举行讲座另一，所以说我在这没有什么本钱，也不敢胡作非为，胡思乱想，只能够实实在在一件事一件事往下办。我的交代是交七块二毛钱，这跟现在的物价当然不一样了，现在你三块六毛钱，七块二毛钱吃一顿都不行，那时候一个当时当然物价也不一样，我五十年代后期在北京郊区劳动的时候，农村的伙食费一个月的伙食费是三块六毛钱，不放开了的。我家原来说这么一点——当时来说，在后面的时候一个月的十几块钱，那还算不错的，要上百块钱就算是富人了。早晚有他比较富裕，所谓中央某些中的比较富裕，为什么？因为他没有什么本钱，他输不起。如果这个事要做不这为什么白薯能够成立的。

大用只分斗信，人对学校信，怎么能呢？我就不赞成了，因为大家都是好心，大锅里也有有的。还有文章的，还有沿一样，就说在这一亩地里，都不到八十万斤，当然我没去做过实验，它到也许不到也许，反正农民也不信，相反的说这王蒙知道什么啊，八十万斤白薯啊？他说一亩地这白薯得一块一块跟你一样大，排队，挤在那儿，列队不言语。然后他自个儿在那儿算，算半天告诉我说：王同志，其实就是说明中不能，八家一百一也是要不够十一吧。我还得给农民念报，还得带着宣传，宣讲，我就给他们宣讲，我说某某地方一亩地能打八十万斤的白薯，农民不吭声，他八十万斤白薯。当时我已经在农村劳动，自个儿出了事了，我就在农村劳动，虽然我在农村劳动，这是一九五八、九年的事情

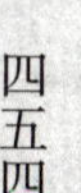

小怕事，原来说他是个英雄，看来不是，就把他放过了。所以这是最有名的韬光养晦的故事。

另外我们知道在一九八九年底，所谓『苏东波事件』苏联东欧解体的时候，邓小平讲过我们中国在国际上应该韬光养晦，我们不要做出头椽子，什么事我们不要挑头，自己的事情沉着应对，把自己的事情做好。

我跟几个懂英语的人商量，说这个韬光养晦翻译起来比较难，只能讲故事，让那些外国人从这个故事当中自己去领悟，而且韬光养晦讲解起来给人一种不良的印象，让人觉得你特别狡猾、觉得你特别阴，不是实实在在，不是有一说一。所以这个事物也有那一面。

但是中国人为什么有韬光养晦这样一种思想呢？这并不是由于中国人自来性格上有这方面的问题，或者我们的遗传基因、细胞，我们DNA里头有韬光养晦的元素。这主要是由于中国人口太多，政治斗争太复杂了，尤其在春秋战国的时候，各种的谋略、各种的招数，所谓声东击西、指桑骂槐、围魏救赵、欲擒先纵、调虎离山等等，有无数的这种说法，在这种说法之下、在群雄并起的情况之下，你过早地暴露自己的力量、过早地暴露自己的光辉和锐利，往往对你做成一件事并没有什么好处，所以我们有了韬光养晦这种说法。

你想想『知其白，守其黑』难道不是韬光养晦吗？我明明心明眼亮，但是我走到哪儿都表现的是知之不多，这也是为了我真正要学习，另一方面也是为了我自己不成为一个目标。你什么都知道、你什么都懂，有时候我看到听到有些学者——收听或者是收视一些学者的讲话的时候，想给他出一个主意——但是我也不好意思——你千万别什么都知道，你哪怕有一次说：这个事我还闹不太清，我还没听说过。或者：对这个事我还没有什么把握。立马你的公信力就增加了。因为你只有承认你有所不知的时候，别人才能相信你有所知。这个道理就跟假花一样，现在这假花越做越好，有好几次把我骗过去了，为什么？这个假花上它有枯叶，它有开败了的花朵，有长锈的花朵，我一看觉得就是真的，它以假乱真了。如果花摆在这儿，全部叶倍儿鲜、倍儿绿，所有的花都开得一样大小，一点残的坏的损失的招虫的或者枯萎的都没有，你肯定就不相信它是真花。

所以韬光养晦，你表面上看是低调，但是实际上确实是一种智慧是一种聪明，尤其是邓小平讲韬光养晦，当时有这样一种说法，认为苏联解体了，好像中国应该担负起把全世界社会主义的力量、工人运动的力量重整旗鼓，来当全世界的革命的头目。邓小平同志并不赞成这种主张，他认为中国现在不是这样一个时候，中国自己的任务非常的沉重，中国自己不能够提出一些自己做不到的目标，来耗费、来转移我们谋发展这样一个大的目标。

还有一个例子，就是现在全球经济危机，也有一种说法，说中国应该承担，我觉得在这个时候可能韬光养晦对我们也很重要，因为其实中国把自己的事情做好了，就是对世界最大的帮助。所以现在相对来说，我们并不希望我们这牛吹得太大了，你牛吹的太大了，你的力量并没有达到，我们如果按人均收入来说，在世界仍然居于后列，虽然我们总体的经济总量有了非常伟大的发展。所以韬光养晦，这是中国的一个智慧，也是中国的不得已，因为你本来就没有那种雄视一切、普天之下我最牛那样一个实力。这些都是很有意思的一些说法。

磨难是必要的

还有一个民间的说法也很符合『知其白，守其黑』这样一个原则。我们常常说：吃得苦中苦，方为人上人，过去

我们常常批判这句话，因为我们把这个人上人，理解成是做官当老爷、当大款，要剥削别人甚至要压迫别人。这『人上人』就看你怎么理解，『人上人』——你的境界比别人更高，你的知识比别人更丰富，这完全是可能的。这种思想还不仅仅老子那儿有，孔孟同样有，孟子也喜欢，他就说『天将降大任于斯人也，必先苦其心志，劳其筋骨，饿其体肤』，就是要受很多的苦，才能有点成绩，有点模样。我想这个是符合人生的规律的，你先不必急着吹牛，你先把面对的挑战，能够解决一点算一点，你得积少成多，你得从低向高，你不要一步登天，你不要想不经过任何的奋斗、不承担任何的苦难，就把一件事做成，就能做出成绩，甚至于就想超过别人，这是不可能的。

我觉得老子的『知其白，守其黑』还有一个意思：我从『黑』做起，我从『雌』从温柔做起。当然作为人的风度来说，你即使是已经很伟大的人物了，你也应该柔和一点，谦虚一点，请不要穷横，没有人喜欢穷横的，也就是现在我们说的，不论做什么事，要有一种心态：从零做起。

难得糊涂与愚不可及

『知其荣，守其辱』，可以联想到解放以后我们常常有的一个说法，很理想化也并不容易做到的说法：把荣誉让给他人，把困难留给自己。这一点是太难做到了，但是我们知道有这么一个老子的学说，也许碰到荣誉碰到困难的时候，我们在选择上会比别人更高尚一点。还有一个说法，我们中国的一个说法，也能够联系到知白守黑，就是揣着明白装糊涂，这『装』字比较难听，但是中国有一个说法叫『难得糊涂』，郑板桥特别写了这几个字。这个『难得糊涂』同样是看你掌握什么分寸，如果这个难得糊涂，你把它理解成什么事一问三不知、不负责任，那就成真糊涂了，成了

傻子了，成了弱智了。但是他这个『难得糊涂』里我觉得包含着两个意思，一个意思就是大事聪明小事糊涂，你不可能什么事都聪明，什么事情都计较，你计较得完吗？每一个人，你的对方也好，你看到的人也好，你为什么瞪了我一眼、你为什么眼睛瞟了我一下、你为什么一见我你嘴歪了一下、你为什么刚看见我你把脸转过去了，你如果这样一一地追究起来，这一天你跟别人吵架都吵不完，更不可能有什么成绩了。

难得糊涂，其实往更古代一点的时候来说，不是郑板桥时代，而是在老子孔子的时代，还包含一个意思，就是根据社会的环境来确定自己的选择。在《论语》里边，孔子说过一个人，这个人叫宁武子，说宁武子『邦有道，则知』，『邦』就是邦国，那个时候中国还没有统一，什么齐楚燕韩赵魏秦，就是这样一些国家，意思是说：赶上这个诸侯国有道，什么事都走上正规了，这个君王也比较讲道理了，比较懂得治国之道了，有点章法了，这种情况之下宁武子就很聪明。所谓聪明是什么意思呢？他可以帮助提出一些治国的策略、一些主意，可以建言献策。而『邦无道，则愚』，如果『邦无道』他一下傻了，什么话都没有了，什么都弄不清楚了。说『其知可及也，其愚不可及也』，就是你要学他那个聪明劲儿你能学到，什么事他有自己的看法，什么事他能够掂量掂量孰轻孰重、孰是孰非，这个你是可以学得到的；『其愚不可及』是说：可他那个傻劲儿你学不像，你学了像假的、显得狡猾，你越想学这傻劲，你就越显得狡猾、大滑头，你学不了。本来这是孔子的话，是《论语》里边的话，后世给弄错了，我们在『文革』当中整天批林批孔的时候，说是孔子认为劳动人民愚不可及，『愚不可及』的意思就是：傻得都没办法了、傻得没救了、傻得没辙了，但这不是孔子的原意，他那『愚不可及』是认为：他的那个愚比他那个智还有境界，还高明，还难以企及。

你看为什么『邦无道，则愚』呢？『邦无道』，你还那儿智个什么劲？你越智不越找麻烦吗？这本来就是无道，本来就是他不讲道理不讲道德、治国无方，他又没事老来找你，说听说你很聪明，这事该怎么办好啊？你给他出了主意他又不听你的，这种情况下你要想保护自己，你要想踏踏实实过日子，只有一个方法：愚化、糊涂，而且这个糊涂是很自然的，一到这时候就糊涂。

当然这同样有中国社会的心计，中华文化的对于心计的讲究，确有一种心计在里头。这个是不是世界上最好的选择，我们另外说，因为我们还可以有另外的说法，就是说我为了国家的利益、为了人民的利益，我不考虑个人的得失。『文死谏，武死战』，我作为一个文官，我自个儿该说什么话就说什么话，我为这个付出生命都在所不惜，而作为一个武官，不惜在战争中献出生命。这当然是另外一种选择。

大智若愚

但是这里说的『难得糊涂』『邦无道，则愚』真是妙极了，和『大智若愚』我觉得也有关系，就是你不那么轻易地来使用你的智慧，不那么轻易地表达你的见解，在很多情况之下不到时候不应该说，很多情况之下别人无法接受，你不必急着提，你要等到一个最合适的时间、地点、方式，既考虑到效果也考虑到实际运作的可能，你再提。所以大智若愚就是：大智是不急于来表达自己。中国人的头脑长得真是挺有意思的，他在这种天下的纷乱和争夺之中，总结了许多的智慧。跟这个还有点类似的有一个中国的说法，叫做：名将不谈兵，名医不谈药。如果我是一个名将，我是元帅，我当过司令，我打过好几个胜仗，相反的我不爱谈论军事的事。为什么呢？因为军事的胜负各种因素千变万化，谁也说不准。在春秋战国时期，有一个赵括谈兵的故事，就是这个人特别喜欢研究军事问题，而且讲得特别好，什么时候讲都头头是道。后来诸侯要任命赵括带兵，他爸爸就急了，说你可别任命他，任命他，他打了败仗你们可别杀我们这些亲属族人，我可是早说了他根本不行，我这小子我不知道吗，他哪里懂打仗，他会说打仗，不等于他能打仗。果然他去打仗，败了、大败，就由于他爸爸先说了这个话了，才不至于株连九族。他爸爸是什么意思呢？他说兵是凶事，是充满着凶险的事情，如果你谈得太多，把它看得太轻率，自以为读过几本书、读过几本兵法，跟什么人讨论过几次战例，你就以为自己当真懂得军事了，那是不行的。

同样名医不谈药，真正的医生，他不随便给人开药方，那是非常慎重的事情，你应该吃什么药，同样一种病，个人和个人情况都不一样——这个我说笑话了，因为我现在也有把年纪了，有些好朋友经常给我提各种养生延长寿命的方法，特点就是越不懂医学的人，越爱提各种方案：有的告诉我应该捶腿的，有的告诉我应该捶腰的、揉手指的，那招儿多极了。可是真正学医的人他不说这些，因为这些没经过鉴定、没经过考证、也没有什么临床记录，比如我先弄两万个人做实验，实验完了以后，说这有效还是无效甚至于反效果——他不说这个，这说明医生是本着高度负责任的态度。无知者无畏，所以不懂得医学的人，可能可以出很多和医学有关的主意。

大雅若俗

为什么大智若愚和知白守黑是一样。我们还有类似的话，说大雅若俗：那酸溜溜的人雅不到哪儿去，一张嘴一闭嘴必然就是给你转点文、转点你不知道的名词，一张嘴一闭嘴他就是批评这个俗批评那个俗，全世界除了

他以外都俗，这样的人你们不要相信他。相反大雅的人他更能够和俗人和百姓和人民通气，沟通、交流、交换信息。所以说大雅若俗。老子也是一个特别典型的例子，他的《道德经》里边，很多的论述其实都是大实话，这些话要是普通人乍一看：这不是废话吗？

我们现在还有一个说法，叫大洋若土。你如果要是像《阿Q正传》里那个钱秀才那样的假洋鬼子，越是真正——我可确实见识过这样的人，譬如说谢冰心她是最早的威尔斯利女子大学毕业的人之一，她长期在国外生活，可你跟这个小老太太在一块，她最不喜欢表示自己有多么洋，相反她就是绝对的一个中国老太太。她热爱自己的祖国，她喜欢中国人的这一套生活方式，但是她也完全了解世界，她不但懂英语，还懂一些其他的语言。其实越是在国外生活久了的人，他保持着中国的传统、生活传统，受到外国人欢迎的程度越高。

和光同尘

这些东西又牵扯到老子的一个命题，刚才从大智若愚、大雅若俗、大洋若土，难得糊涂这些说法当中又牵扯到老子的另一句名言，这句名言就叫『和光同尘』。『和光』是什么意思呢？就是把你身上的光辉柔和化，不要刺眼，『同尘』就是和世人和世俗和红尘贴近一点，现在不是讲三贴近嘛：贴近生活、贴近现实、贴近群众。其实老子他也是主张贴近生活、贴近实际，他提出一个什么样的口号呢？叫『挫其锐』，把你的锐气、把你那个针尖麦芒的劲儿磨得钝一点，弄个锉最好给挫两下，不要动不动你一张嘴就扎人、就伤人，别动不动剑拔弩张、动不动就伤人。『解其纷』，『纷』就是纷争，就是你别那么排他，一听到一句话跟你说的不一样，马上就跟人家争，马上就表达不同的意见。值得讨论的问题你讨论，不值得讨论的东西你不要讨论。『和其光』，把你身上的光芒——一个智者、一个道德高尚的人身上是有光芒的，你头顶上是有圆光的，但是你把它盖住，你不要走到哪里都装不下你，你不要走到哪里老是出语惊人、老是吓人一跳、老是让人恨不得趴下、老是放倒别人，不要这样。『同其尘』，能够和大众、和百姓、和尘世保持联系，因为不管多么伟大的道理，它都是生活的发现，不是脱离了生活自己面壁思考出来的。老子这些非常神奇的说法，也都是他看到了当时的社会上的各种沉浮、胜败、荣辱、进退后才得出来的结论。

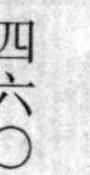

『和光同尘』以后能做到什么呢？他底下说的更玄了，他说『不可得而亲』，你用不着跟谁特别的亲近；『不可得而疏』，你也用不着跟谁特别的疏远；『不可得而利』，你也不要希求从别人身上捞什么好处，别人也不要老是想着从你身上能捞到好处；『不可得而害』，你也不要想着能够害谁：你讨厌的人，你打击他一下子，你给他制造点障碍，用不着，不必要。反过来说也没有人能够害你，为什么呢？因为你不是一个惹是生非的人，你是一个凭自己的真本事在这儿劳动、在这儿工作、在这儿做事、在这儿为人，你该怎么办就怎么办，该尊敬的你当然都尊敬，该慈爱的你都慈爱，该干活儿该服务的，你就干活儿你就服务。他说『不可得而害，不可得而贵』这样的人你没法再提拔他、再提升他了，他已经很好了，他自己又有理念又有信心、又有学问又有主心骨，不会因为荣辱得失激动，也不会跟别人争辩我白你黑、我是你非，所以『不可得而贵』，他既不可能把别人封官晋爵，也不可能被别人所宠幸而变得更高。他怎么更高？他就是他自己，他的学问就是这么些，他的知识就是这么些，他的为人就是比较清纯、比较朴素，所以『不可得而贵，不可得而贱』，你想再贬低他也不可能了。你怎么贬低他呢？他真本事在这儿呢，他的活儿在这儿呢，他练得出活儿

来你练不出来，所以你也不可能贬低他。

这是老子对人的一个理想的境界：你的知识很高，你的学问很大，你的道理很深，同时你是和光同尘的，你和老百姓有共同的语言，你和弱势群体有共同的语言，你永远知道你自己是老几，既不会过分地膨胀，也不会哆哆嗦嗦、闪闪失失，你能够保持一个最稳定的状态。老子提出来的这样一种对人格、对人际关系、对人在社会中的地位的想象，要做到也非常不容易。正因为不容易，所以它有吸引力，如果人人都做得到，那用不着老子说了。老子并没有说，每天你们都要吃饭，这个大部分人能做到，当然还有饥饿者。老子提出了在我们看来比较神奇的境界，正是这种境界非常有魅力，它让你想，做到了老子的说法，可真是理想。你想是不是？你知白守黑，你知雄守雌、知荣守辱，你能够挫其锐，解其纷或者是解（xiè）其纷，和其光，同其尘，而且你能够做到：不可得而亲，不可得而疏，不可得而利，不可得而害，不可得而贵，不可得而贱。

然后老子说——这个老子也很有意思，他说了这么一大堆了，最后说『故为天下贵』，这样的人你看着他很低调，你看着他和光同尘，你看着他丝毫不显摆自己，也不包装自己，可是这样的人才是天下最贵重的人。『贵』是什么意思？最高尚，受人尊敬，值得珍重，值得敬仰的人。老子树立了这么一个目标，『天下之贵』的这么一个目标，这个目标我们心向往之，虽不能至——我们不能说我们做到了这一步，我们在座的和收看这个讲座的人，我不相信有谁已经做到了这一步，但是同样我们有这样高级的一个目标，我们心里会更加畅快，我们做人会更加踏实，我们和大道的距离更近了一步。

第七讲　治大国若烹小鲜

中山服与西服并不截然对立

今天我的衣服换成了中山装，有人管它叫立领，有的叫青年服，这衣服算西式的算中式的？其实比较早我看到的是印度人与日本人穿它。按说是与中式的中山装也很接近。但是我有一个发现，您把这领子翻过来看看，成西装了。下回你再穿中山装的时候，也可以一衣两穿。我说这个话是什么意思呢？

其实，对于中国传统文化来说也是这样，有的你可以从正面看，有的可以从侧面看，有的可以倒着看，有的可以给它翻过来看，你都会有各种各样的发现。有些表面上不一样的东西实际上是一样的，譬如西服和立领中山服，它们是一样的。有些表面上一样的东西它们又是不一样的。如果我们学会用这么一个方法的话，就能够学到更多的东西。

观众朋友当中要说人人都读过老子的《道德经》，这个也不太现实，但是对于老子《道德经》当中一些名言警句，大家可能比较耳熟能详，这应该是现实的，像其中的一句『治大国若烹小鲜』。老子真的不愧为中华文明智慧的最高代表，他的学说当中不仅有很多人生哲理，同时也富含着许多精辟的治国理论。

老子的立言无与伦比

今天我们讨论一个非常有趣的问题，就是『治大国若烹小鲜』。烹小鲜就是熬小鱼，用天津话就是熬（读nāo）小鱼，它叫『熬』小鱼。这个话非常地奇特，在我很早很早年轻的时候，一看这句话我一惊：哪有这么说话的，怎么治大国

中山服与西服并不截然对立

第六十章 治大国若烹小鲜

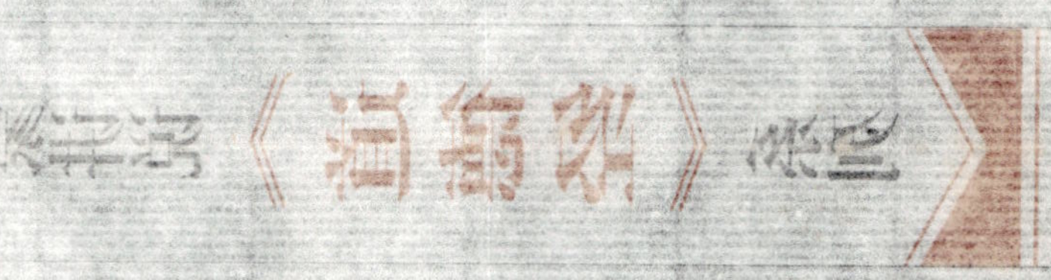

成了熬小鱼了——一喜：觉得他说的太好玩了，感觉治大国就跟烹小鱼一样——一愣：不知道什么意思——一赞：觉得这人可真会说话，他怎么琢磨出这么一个话来。中国人讲立言，你有那么大的学问，你写过五千万字也好、一千万字也好、二十万字也好，五千字也好，老子只写过五千字，但是你能留下一句话，这句话让人一惊一喜一愣一赞，让你永远地去回味它、去品尝它、去琢磨它。可以说，老子的『治大国若烹小鲜』，留下了一个立言的范例，至今人们喜欢这句话，有了这一句就可以名垂史册的，有的人写了一辈子书，他还留不下这么一句话。

『治大国若烹小鲜』，我们想一想他是在什么样的背景下提出来的：在那个时期，治国的事情是一个非常严重的事情，是一个非常凶险的事情、是一个非常操劳的事情，甚至于是一件非常血腥的事情。因为春秋战国天下大乱，你争我讨，这是跟外部；每一个诸侯国家的内部呢，又存在着夺权、丧失权利、政变、宫廷阴谋这种危险。在那个时期，治国是相当的阴谋化和血腥化的一种事情，没有谁治国能够如烹小鲜一样那么悠闲自在。那么老子为什么要说出这么一句话来呢，他的意义在哪儿呢？当然了，历史上也有不同的看法，因为对老子的年代有不同的看法，有的说老子年龄非常的大，他是比孔子还要大二十多岁，这样的话老子在开始考虑这些思想的时候，可能还没有赶上那种天下大乱的纷争局面。这个到底是怎么回事，我说不清楚，我可以说的是什么呢，到现在为止，古今中外我们找不到一个治大国若烹小鲜的范例。现在也是一样，不管是美国还是俄罗斯，中国还是法国、德国，哪一个人能治大国若烹小鲜一样？他很辛苦，起码是也很有风险，都是有风险，金融海啸能烹小鲜吗？反恐能烹小鲜吗？反对三种势力能烹小鲜吗？都烹不了小鲜。

他要力挽狂澜

我认为老子这样提出来，可以说是他的一个治国的理想，还可以说是什么呢？我用四个字来形容老子的治国理政观念，叫做『力挽狂澜』。他就是觉得他所设想的治国，应该是舒舒服服的，应该是按照大道来治，应该是顺顺当当的，大家都应该过和平的幸福的生活，而不应该是你争我抢、兵戎相见，甚至于白刀子进红刀子出，以至于还有在宫廷内部父子反目、夫妻仇杀、兄弟屠戮，这样的事情对于老子来说太刺激了，所以他要力挽狂澜。

他提出来治大国若烹小鲜：第一条你不要把这个治国治得神神经经，你应该放松心态，你应该与大道同在，你应该把这个治国的事看得举重若轻，你应该充满信心，你应该按照客观的规律运作，你不要把这个治国的事弄得是一惊一乍，《红楼梦》有一个词叫『蝎蝎螫螫』，《红楼梦》描写这赵姨娘不管碰到什么事都蝎蝎螫螫，就好像让蝎子给整了一下一样，她老那么闹腾。赵姨娘是一个很好的反面教员。

谁能举重若轻

这是老子的一个——可以说是理想。老子还有一种非常辩证的观念，就是说把大事不妨当小事。做大事也罢，小事也罢，它的道理是一样的。小事有时候也需要当大事做，这样的故事也非常的多。完全『治大国若烹小鲜』做不到，但是举重若轻，降低这个紧张程度，用一种比较从容、比较自然、比较自信的状态来稳定人心、稳定民心，这样的事是做得到的。譬如说李白的诗里边就有：『但用东山谢安石，为君谈笑静胡沙。』就是晋朝时候的谢安，他的字叫安石，他和他的弟弟还有他的侄子、他们谢家军有『淝水之战』，淝水之战中谢安石运筹帷幄，他的弟弟和侄子在前线

带兵，打败苻坚，有『风声鹤唳，草木皆兵』的典故，把苻坚打得是一塌糊涂——苻坚是北方少数民族，有说是匈奴的，有说是叫前秦，它那个国号、朝廷的号叫前秦的。苻坚带着很多军队，一直打到了现今的安徽这边，最后彻底地败在了谢安石的手下。而这个谢安石呢，他当时在下着棋，他已经部署好了，他心情很安静，找个棋友下棋——我考证不出来，恐怕下的还是围棋，比较早的棋，不一定是象棋——下着棋时他听到报告仗打胜了，他笑着说很好嘛、好嘛。他这样一种精神状态，有点『治大国若烹小鲜』的味道。

解放战争当中，咱们也有一位高级的将领，由于我没有找到证实的依据，所以我不提他的名字，据说他也是一个棋迷，也有这样的类似的故事：那边打响了，他说下完这盘再说，因为他很有把握，他一切都了如指掌。我说这个话的意思，不是提倡咱们凡是高级领导、高级将领，仗打起来了你先摆一盘棋，你先别管这战争的事，我不是提倡这个。我们说明什么呢，一个人的精神状态要有节奏，一张一弛，有放松的时候，有紧张起来的时候，这个时候他判断问题比较容易有把握。相反你没有节奏，你老很着急，你可能没有把握。

似曾相识燕归来

其实毛泽东主席也有这一手，越是紧张的时候、越是严重的事，他喜欢用一种相对轻松的语言来说。譬如说六十年代初期的中苏论战，那个时候世界上还分社会主义阵营、资本主义阵营，而在社会主义这边，苏联等于是一个头儿，苏联和中国是最大的两个社会主义国家，这两个国家论战交恶，这是一件有风险的事，但是毛主席怎么说呢？他说这就叫『无可奈何花落去，似曾相识燕归来』，这是宋词中的诗句。世界的规律就是这样，苏联就好比是那个花，无可

奈何花落去，它变成了修正主义了——当然政治上我们不去评价他说的对不对，那是另外的事，我们讲这个风格、讲境界——他说这个就是无可奈何，苏联不行了，『似曾相识燕归来』，真正在国际共产主义运动中执牛耳举大旗的燕子又回来了，他指的就是中国。当然现在我们也不提这些事了，这些事本身不必提了，但是毛泽东的这种境界、这种风格、这种潇洒、这种风流——他是一代的伟人。

譬如像林彪出逃，逃到温都尔汗，然后他那三叉戟飞机掉到沙漠里头，这个实际上也是一个很大的事情，而且事实证明这件事情对于毛主席在内的不少人，影响还是很大的。但是毛主席当时把它说得很轻松。他说『折戟沉沙铁未销』，这是杜牧的诗，本来说的折戟沉沙和林彪毫无关系，但是毛主席就联想到那里去了，不沾边的一个事：『折戟』，三叉戟折了，『沉沙』，它沉到沙漠里去了，不沾边的事让他一说，好像这冥冥中已经注定，林彪这飞机非出事不可，非折戟沉沙不可。然后他又说——这都正式传达过的——说毛主席指示说：林彪跑了，天要下雨，鸟要飞，娘要嫁人，随他去吧。这话本身并没有分析这件事情，但是他把它看得自自然然，你要出门可是天下雨怎么办？下吧，你也不能不让它下；鸟要飞：你养了一个鸟，这鸟不愿意在你这儿，它飞了，飞了就飞了吧；娘要嫁人——这还有点中国大众的幽默：本来您这母子相依为命，现在你娘要往前走了，孩子也不好拦着，你就让人家往前走吧。他这么一分析，实际上什么问题都没有说，但是全国的老百姓听了以后，心里头就会好一点。

所以一个领导人、一个大的政治家，你如果是蝎蝎螫螫，你这一国都会跟着蝎蝎螫螫，你如果是歇斯底里，你这一国都会是歇斯底里，如果你是举重若轻、不在话下、信心十足、从容镇定，那么你这一国做什么事，都可以做到这

一步。这太理想了，这简直是无法企及的一种境界。

小事有时候要当大事来做

把小事当大事来做，这个也有：我们看过电影《巴顿将军》，《巴顿将军》最精彩的是指挥交通，那个战车都乱成一团了，他下去当交通警了，把交通警轰走，他拿着个棍这样一下、这样一下、这样一下，他当交通警。所以现在我们在北京行车的时候，有时候看着太乱了，指挥无方，司机同志经常说，北京来俩巴顿就好了，就能把这个交通指挥得更好。

我还知道在解放战争当中，我们有一个野战军的司令过河的时候，前边的参谋报告说河水深，过不去。他不信，他拄着一根棍子，自己下去量这个河，然后他怎么一拐弯、一拐弯，摸着石头过河，过去了，然后回过头他说了一句话，叫『粗枝大叶害死人』。

这就是说，大事不一定准往大了做，小事也不一定准往小里边看，大和小之间，是互相可以沟通、可以转化的。所以《老子》的第六十三章中提到：『是以圣人终不为大，故能成其大。』就是圣人——治国平天下的人，他们并不觉得自己办的事有多么大、多么装不下、哪儿都装不下了，没那事！他觉得这很普通，小菜一碟、小碗两个。正是因为这样，他们才能完成大事业。如果他完成一个大事业以前已经紧张得不得了了，他已经血压升高、心跳加速了，你说他能办得成吗？

下面说的和治大国没有关系，但是让我联想到了，就是北京奥运会上牙买加的短跑名将博尔特，博尔特一个

人得了多少块金牌，好几块，好像一百米、二百米，还有接力都有他。博尔特就是艺高人胆大，他比赛等着起跑的时候，脸上显得特别放松，甚至还做一个鬼脸，他能有这种情绪。相反如果你过分地紧张，反倒不能得到最高的发挥。

下知有之最好

所以我说老子是力挽狂澜，他希望在当时你争我夺、你死我活的这种气氛当中，一些君王一些大臣能够有一种相对放松的、相对正常的心态。这里的关键还是老子的『无为而治』的理想，他设想的就是：你说最少的话、管最少的事、干预最少的过程，然后让个人、万物都按照自己的规律正常地发展。老子在第十七章里讲到，一个治国理政的人什么情况下是最理想的呢？他说『太上，下知有之』，什么是最高？上上、太上——最高最高，就是老百姓知道，有你这么一个君王，有这么一个机构，有这么一个各种大臣、各种部门的机构，但是跟你关系并不大——这个我们底下再说，这里很多是老子的幻想，但是他这个思路挺好玩。

他说『其次亲而誉之』，那么二等好、二等理想、中上等，是什么情况呢？就是你这个君王、你这个大臣跟老百姓的关系不错，老百姓愿意和你亲近，而且对你有很多的夸奖，有很多的赞誉，有很多的赞美之词，他认为这是第二等。老百姓亲切，要我们看我们认为这是最好的了，又亲切又赞美。但老子认为这是第二等。为什么，老子没有说，我个人认为：第一，亲而誉之里头可能包含着作伪，亲誉的结果变成阿谀奉承；第二，过分亲而誉之的结果是上面不了解真实情况；第三，亲誉的结果是下面的期望值过高，期望过高过大了反而容易失望，等等。

『其次畏之』，再往下的情况也就是第三等，就是怕你，这个怕也是不可避免的，老子的很多话里都有，这点他很实际，譬如说他在有一章里说『民不畏威，则大威至』——如果你这个管理机构、你这个统治者一点威信都没有、一点威风都没有，那就底下不知道出什么大事，所以他说怕你这是第三等的——我开玩笑：我说这就像开车的人看交通警似的，对交通警，你说我不知道他存在，那不行，我需要知道他存在；亲而誉之也不行，你跟他又是哥们儿又是什么，那都不行；你必须怕他，你不怕他，你不好好地遵守交通规则，他又能罚你还能吊销你的本子，起码扣你的本子又能罚款，再不行还能把你刑事拘留，不叫刑事拘留叫什么其他的拘留。没有严厉的规则，交通警是无法工作的，所以这是畏之。

他说再『其次侮之』，最坏的情况呢，是管事的人你瞧不起老百姓，你轻视老百姓，你说话难听，你污辱老百姓，老百姓也根本不信你那一套，反过来骂你，还想各种的办法出你的洋相。这个侮之我认为是互相污辱，是管理的失败。

大道乌托邦

老子他所设想的理想是什么情况呢？设想的情况就是：管理政权机构是存在的，但同时又不让人过分地感觉到它的存在。我称老子这样的理想叫做大道乌托邦主义，这实际是一种乌托邦，你不可能完全做到，但是它仍然有启发，从思路上有启发，就是说能够把事干得好到什么程度？好到让人都觉不出好来，这进入了化境，中华文化特别喜欢这一点，不管什么事，让它进入化境。

我不知道大家去没去过重庆那个大足石刻，那大足石刻里头有一幅很有名的画，它是佛教的石刻，但是它吸收了很多中华文化的东西，譬如说尽孝，佛教里没有尽孝这个说法，佛教出家看破红尘，父母妻子都是红尘，都应该看破，但那里要讲尽孝。那一幅很有名的画就是说一个人应该怎么样学佛。怎么学佛呢？这是一个石刻的连环画，四幅画：第一幅画就是一头牛，牛脖子上、鼻子上——我记不清了——拴着一根绳子，一个人拽着牛，这头牛不肯来，非得让它来不可，这就是说通过强制，通过较劲让它皈依佛法。第二、第三幅画我已经记不太清了，第二幅画譬如说把牛圈到一间屋里，你想跑，我不让你跑，把你押在里头；第三幅画，牛开始在这屋里又吃草料又喝水了——我就说这大概的意思，这第二、第三幅画，我说的都不准确——到了第四幅画，是什么时候呢？明月清风，就在旷野上、就在田地之间，一轮明月在那儿照着，这牛悠闲自在地在那儿吃草，它也不跑了、它也不闹了、它也不跟人斗了、它也不跟人较劲了，就是说它已经学得佛法、已经进入了化境。

治国的化境

老子的思想也是这样，说『治大国若烹小鲜』是什么意思呢？就是我的这个治理已经进入了化境，使大家都接受，符合大家的利益，你都觉不出来我在那儿治理，用不着我耳提面命，用不着我用刑、用处罚条例来吓唬你。当然这是一种乌托邦，完全做到这一点并不容易。在这样的管理之下，老百姓自觉、乐于接受这种观点，所以他不自知，他就觉得这是我应该做的，或者说这样做是非常正常的，不是被动的、被强迫的。这作为一个标准，或者作为一个理想，还是非常可爱的。

烹小鲜论

往下咱们再进一步把『烹小鲜』的含义研究一下。自古以来注释《老子》的人非常多，有很多学者，其中有一个河上公，他是非常有名的，他给『烹小鲜』做了一些具体的说明，他说『烹小鱼不去肠不去鳞不敢挠恐其糜也。治国烦则下乱，治身烦则精散』，原文大概的意思就是说：烹小鲜是什么意思呢？他说第一不必去肠子，咱们一般做鱼都要去掉肠子，但是鱼太小了，你要是挖肠子，就把鱼弄没了。这也可能解释为抓大放小，宜粗不宜细吧。第二勿去鳞，还有勿挠，『挠』是什么呢，就是对一条鱼，你不要在它的鱼身子上使劲再摩擦它了，因为这本来就一条小鱼，你要在上头刮过来——现在说法就是刮，你要再在它身上刮过来刮过去，给它刮烂了，刮成鱼粥了；不用去它的鱼鳞。另外有人解释，烹小鲜就是在炉火上你不要折腾它，不要来回地翻、别烙饼，本来这一条鱼很容易热就传过去，它是小鲜不是大鱼，大鱼你烤烤这边再烤烤那边，它是一个小鲜，那水咕嘟咕嘟一开——而且是烹不是烤——咕嘟咕嘟一开，热就传得很均匀了，所以用不着来回翻动。先贤们认定，一个是勿挠、一个是勿去鳞、一个是勿频频地动，还有什么不去肠呀什么的。这个意思说的好不好呢？非常的好！我觉得对，其中确实有一个不要频频翻动的意思，也就是现在说的不折腾的意思。这里显现了『治大国若烹小鲜』的另一面。前边我讲了小菜一碟、举重若轻、充满信心、听其自然，这是讲的一面，它还有另一面，什么呢？小心谨慎，不要搞太大的动作，因为国家本来就很大，你一动作太大了以后，一个传一个、一个传一个、一个传一个，这个国家很容易乱，乱了以后你很难管住。

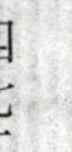

所以说治大国若烹小鲜，就是你要掌握力度、掌握火候，不要搞过大的动作、不要弄得这小鱼受不了，你那一铲子下去，啪，一使劲，碎了！你如果不是烹小鲜，是炒南瓜，这个事好办，一下子下去，啪，就给它翻起来了，可是烹小鲜这样用力就稍微大了一点。还有一条，现在也有人研究出来了，我也非常赞成这个说法，而且我也早想到这个，简单地说：烹小鲜不要大火。你不是烤全羊更不是烤全牛，也不是蒸牛头，你是烹小鲜，就几条小鱼，也就是一拃这么大，即使是烤全羊、烤牛什么的也不能火大了，否则就表面煳了里边还生着呢。所以就是要掌握火候。

本来老子的话不是关于烹调的，他是一个特别形象的比喻，如果我们理解了他这种比喻，我们就知道他说的是什么，知道怎样拿捏这个分寸了。我们想一想『烹』，起码在北京烹不是炒，煎炒烹炸，用不着加很多的作料，它也不是炖，我们一般是指时间比较长的叫炖，要到广东叫煲，煲汤，广东人最喜欢煲汤，跟炼丹似的，汤给我喝的时候，说这个汤已经是煲了七个小时——当然这也是一种文化。烹，相对时间要短得多，它不是炖、不是煲，也不是炸，它不加那么多的作料，就是要用相对简朴的方法、相对不那么费时的方法来推行一个政策。我觉得老子的『烹小鲜』里还有这一面的意思：掌握分寸、掌握节奏，比如说一个国家或者一个社会，政府不提出点任务、不提出什么问题来是不可能的，也是不可行的，但你不断提出新口号、新任务、新方向也让人晕，所以要掌握分寸、掌握节奏、掌握力度、掌握火候。

烹小鲜的美感

我觉得老子用了这个比喻而没有用别的比喻，实在是很有意思的，和老子无为而治的思想是一脉相承的。为什么你力量不用那么特别大呢？因为你在最好的办法之下，可说可不说的话你不要说，你可以不提新的东西——实际上他

王蒙讲说《道德经》系列

是倾向于他的无为而治，虽然这个无为而治有空想的成分。我再说一遍，因为我无意认为我们当今能够执行这种方法，说领导人一句话都不用说，每天下棋，你不可能把政府交给棋协来代行职权，不是这个意思。

治大国若烹小鲜，还有一个非常好的地方，就是它有美的感染力，你可以懂这句话，你可以不懂这句话，治大国若烹小鲜，把治国和烹小鲜，这两个最不沾边的事用智慧连接起来，表现出一种把握、一种心胸，这本身就是一种美。

我曾经有幸多次到农村劳动，我在劳动当中发现，凡是我们北京的——例如我在北京门头沟斋堂地区桑峪村劳动过——人家称劳动好的人叫『把式』，就是师傅，把式就是师傅的意思，凡是把式，他的劳动姿势相对比较好看，也比较省力，不管是在割麦子、是在用铁锹翻土，是在植树，是在装车卸车，他的各种动作比较匀，他的重心也比较稳，人家一看这姿势就说你是把式、会干活。相反的那些下放干部，那些年轻的又要表现自己非常积极、又要表现自己卖力气，这些人干活那都是瞪着眼、撅着腚、一脑门子的汗、伸着脖子、嘴都累歪了，都是那样子。你一看那么干活的人，你就知道了：行，他态度挺好。给你写鉴定的时候就说劳动努力、学习认真、拥护党的政策，也行了，但是干活的质量较差。治大国若烹小鲜也有这个意思在里头。马克思说：世界要按照美的原则来构建。我们想一想，世界上一切好东西都是美的，在某种意义上说是这样的，一条河如果它流得很好，它是美丽的，一座山是美丽的，各种学问都是美丽的，高级的数学公式、高级的数学的原理，如果你把它画成图、画成几何的图形，它太美丽了！就连最简单的一个道理都非常的美丽。所以『治大国若烹小鲜』，它本身就让你把治国理政变成美的享受。

我就这么想，譬如说如果一个政治家，一个掌权的政治家，用不着他研读老子，用不着他去整天地讨论『勿挠、

勿去鳞、勿频频翻动』，用不着，他只要在他客厅里头挂一幅字，上边写着『治大国若烹小鲜』，如果你要是到他家里头去，被他接见的话，一看这几个字的时候，你有一种轻松感、你有一种得道感、你有一种亲切感。这个『治大国若烹小鲜』，我们要善于用审美的角度来看它。

刚才说到劳动是这样，体育我觉得也特别明显。我当然体育上什么都不行，但是有时候我也打乒乓球，也打羽毛球、也打保龄球，我就奇怪为什么人家那些乒乓球的运动员，打起球来就显得那么美，不管他是打攻球还是打守球、不管他是横拍还是直拍，起码他的姿势最合理，他的肩、大臂、小臂、手掌、腕子，他的用力是最合理的，他的步伐是最均匀的，为什么他不难看呢？其中很大一条：他重心掌握得好，为抢一个球——羽毛球里最多，有时候都劈叉过去了，有时候人都扑到地上，叫做鱼跃，就在地上这么扑着滑过去，把这个球接过去以后，立刻一跃而起；掌握重心，成为一种美的享受。

连鬼神都不闹腾了

所以我觉得『治大国若烹小鲜』和我们中华文明对于美的追求、对于把式的追求、对于老练的追求、对于这样一种风度的追求是结合起来的。老子在第六十章里讲到『治大国如烹小鲜』的时候，底下还有几句话，这几句话你觉得有点愣，也是让你有点愣神，一下子你不太明白它是什么意思。他说什么呢？讲完了『治大国若烹小鲜』以后，他有一个说法，说如果你做到这一步的话，『其鬼不神。非其鬼不神，其神不伤人。非其神不伤人，圣人亦不伤人，夫两不相伤，故德交归焉』。是什么意思呢？就是如果你这个国家、你这个诸侯、你这个地区，治理得比较好，你这几乱

七八糟的邪事就少，遇到这些地方，闹鬼的事都没有。在老子那个时期，鬼神的事是很多很多的。你也不能说一定是有这么回事，你也不能说它没有这么回事，他说遇到这些地方，遇到你能做到『治大国若烹小鲜』了、能做到『无为而治』了、能做到按照大道来治国了，你这个地方既不闹鬼也不闹神，而且鬼神从来不害人，为什么他不害人呢，圣人不害人。圣人不害人是什么意思呢？就是协助君王来管理这个国家的管理层，他从来没有任何伤害人民利益的事情，既然这个管理层没有伤害人民利益的事情，这个地方也就不会说闹出个神来、闹出个鬼来、闹出个女巫来、闹出个神汉来、闹出个跳大神的来、闹出个鬼神附体的人来在这儿捣乱，在这儿破坏你的社会安宁、破坏人们正常的幸福。

反过来说，如果一个社会上频频发生闹神闹鬼、害人害己，甚至惑乱人心、捣乱人心的事件，那么这些事情我们应该从管理层上考虑，管理层本身素素净净——北京人爱说你过得素素净净，贵州人喜欢说（因为我看过贵州人写的小说）平平淡淡，我们写文章的人把平淡当做是一个不好的话，说你文章写得太平淡，本刊不拟用，退稿的时候这样说。但贵州人把平平淡淡作为生活的一个最高的理想，如果你能做到素素净净、平平淡淡，那么你管辖的这个范围之内就较少出现闹鬼闹神，迷信、恐怖、坏人坏事就比较少。老子这个体会应该说也是有他的见识的，也就是说老子提倡在管理、治理一个诸侯国家的时候，能够营造一种邪不压正、戾不侵和——就是乖戾不会压住侵犯和气——假不乱真，这样一种气氛。这样的话才能够达到畅通和正常。

那么老子是不是只有这一面说得好听：你说得多好！『若烹小鲜』，小鱼得熬好了，鬼神也不伤人，谁都碍不着谁的事，该下棋的下棋，该睡觉的睡觉，自个儿过着好日子。这种生活确实很理想，中国很早古诗就有这个说法，所谓『日出而作，日落而息。凿井而饮，耕田而食，帝力于我何有哉』。据说唐尧的时候——当然现在我们无从查证了——就有这样的民歌，说太阳出来了，一切遵循大自然的规律，我也就起来了，太阳落下了我就去休息了，渴了我就凿个井，饿了我该去种田，收获了庄稼我好吃，唐尧不唐尧，跟我没什么多大关系，我自个儿过我自个儿的快乐生活。老子这样一种想法，应该说都是非常美好的。

老子对不良政治的抨击

但老子这人并不是光说这些玄妙的事，他也有另一面，他看到了各个诸侯国家许许多多反面的、失败的，所谓逆天道而行的事，所以老子有些很激烈的话。在他的《道德经》里边最激烈的话，就是说『民不畏死，奈何以死惧之』，这是革命的话，包括我们中国共产党在抗日的时候、在号召起义的时候，都提过这样的话。这话很厉害，说老百姓不怕死，你不要老拿死来吓唬我。这个话可是够可以的，你不是最多把我杀头吗，但是你如果压迫太深，杀头都不在乎、我都不怕，就是咱们《革命烈士诗钞》里都有这个话，夏明翰说是：『砍头不要紧，只要主义真。杀了夏明翰，还有后来人。』这是《革命烈士诗钞》里比较脍炙人口的四句诗。『砍头不要紧』，老子说『民不畏死奈何以死惧之』，你不要以为你掌握了生杀予夺的权力，就可以让人家永远怕你。老子这话可是够厉害的。

老子还有一段话那也非常厉害，在深度上比这个话还厉害。他说『天之道，其犹张弓欤』，『天之道』是什么呢？就是好像拉弓射箭一样，『高者抑之，低者举之』，他的意思是说，拉弓最重要的就是力量要平衡，你要左手高了，左手就往下一点，右手低了，右手就往上一点，手指头伸得高了，你就往下降一点，手指头用的劲小了，你就增加一点，

因此让它圆圆满满、力量均匀，非常的平衡，老子认为张弓应该是这样，这就叫『天道』。尤其他说要『损有余而补不足』，你这边的力量太大了，譬如说你右手往上拉的力太大了，就要减少，损就是减少，把你的这部分力量，分到你的左手上，让你左手往前拉的力量再大一点，然后让它均匀一点，他是这意思。关键在『损有余而补不足』底下有一句话相当的尖锐、相当的硌硬、相当的造反，他说『人之道』则相反，『损不足以奉有余』，他看到了在当时的人间这个方式恰恰相反，『人间之道』是什么呢？北京有句俗话叫：越穷越吃亏。『人间』就是这些为富不仁的人，老子那个时候为富不仁的人要从人身上压榨，你越穷越要把你的劳动所得献给富人。这是非常厉害的话，就是说『天道是损有余而补不足』，而人间有这么一种人『是损不足以奉有余』，本来就穷，你还要从我这儿刮民脂民膏，他本来就阔，还得往他那儿奉献。老子表达的是对当时社会状态的一种不满，我们自古以来有农民起义，老子并不赞成这种斗争，老子可不是斗争的哲学，但是老子的这段话常被农民起义者所使用，他们的词就叫『替天行道』。什么叫替天行道呢？就是太不公了，我要实行的是：损有余而补不足，是什么呢？就是要打土豪分田地、杀富济贫。他有这个意思。

而且老子认为，如果诸侯国——当时说的诸侯国，和我们现在说的中华人民共和国的中国不是一个概念——说那个诸侯国如果治理得不好，不是『若烹小鲜』，而是若乱打架，若屠宰场，你这个治国治成屠宰场了，那么这种情况之下，他认为这个责任是应该由管理层负、应该由诸侯负、应该由他的臣子负。

他在第七十五章里特别讲这个，他说『民之饥，以其上食税之多』，老百姓为什么饥饿呢？因为管理层收税收得太多了，吃得太多了，为什么经济搞得不好，因为税太多，因为上边从老百姓那儿搜刮的钱财太多了。这个老子，他

替诸侯大臣——所谓圣人——替他们设想应该怎么样管理，但是他也替老百姓说话，说『民之饥，以其上食税之多，是以饥』，所以老百姓就饥饿了，他匮乏、他不足；『民之难治，以其上之有为』，为什么老百姓很难治理，不听你的话呢？因为上边干的事太多，他曾说你『为』的太多了，你的威信反倒下降了，说『多言数穷，不如守中』，如果管理层说的话太多，就会感到理屈词穷，你还不如把有些话先留着点，含蓄着点，以后有机会再说，他说『民之难治，以其上之有为』，你上边太有作为了，一会儿一个主意，今天要这样明天要那样，今天这么号召明天那么号召，今天这么一个口号明天那么一个口号，这样的话，老百姓越弄越难治，『是以难治』。『民之轻死，以其上求生之厚』，『求生之厚』这话就更厉害了，老百姓为什么连死都不放在眼里了，不畏死了，因为你活得太厚了，你太奢侈了，这些诸侯、这些大臣，你在那儿挥霍享受、吃喝玩乐，你是那么活着，你那么活着我这么活着，我还不如死了呢。

你看这老子还有这一面呢，这一面还有点革命性，当然他得出的结论绝对不是让你革命，他得的结论是让你踏实下来。实际上他是希望诸侯国能够汲取国家混乱、政权被推翻，或者被外敌打倒的经验，对待老百姓应该好一点。如果对老百姓不好，结果适得其反，你作为越多，老百姓越难治，你吃的越好，老百姓就越没饭吃。应该说还是很有警示的作用的。我开玩笑：老子对治国有一种诸侯君王问责制的思想萌芽，就是说如果国家治不好，不是老百姓的事，是管理层的事。

民本思想的萌芽

老子有的地方说得挺具体，在另外一章里，他说『朝甚除』，这个朝廷一切弄得都挺好——『甚除』，除就是除法的除，有的解释成朝廷弄得干干净净，我也不明白它是不是当干干净净讲，有的也认为『朝甚除』是指朝廷挺腐化、太过于

讲究，朝廷的事弄得挺讲究，咱们就用一个稍微中性一点的词——弄得挺讲究叫『朝甚除』；『田甚芜』，说田野里一片荒芜，为什么一片荒芜他没讲，应是因为徭役太多，老百姓整天出工，没法给自己种地，也可能由于连年战争，也可能由于天灾人祸，所以田地甚芜；『仓甚虚』，仓库里头都空了，后备的预备的粮食、财产都没有了。可是他说：在这种情况之下，还有的君王『佩利剑』，还要佩上利剑，还要吃香的喝辣的，还要到处耀武扬威，摆自己的威风。他说，这样的话就离大道太远了，这个诸侯国是非乱不可。

还有好多这一类的话，他讲『圣人常心』或者『常无心，以百姓之心为心』，就是说不管怎么样，治国是要以——现在的话就是以民为本、民本。老子的『治大国若烹小鲜』既有和『无为而治』思想相沟通相一致的地方，也有和儒家的要以德治国、以道治国，要实行仁政，而且要『以民为本』这方面的思想相贴近相一致的地方。所以我说『治大国若烹小鲜』是老子的一个亮点、一个精彩之处，虽然不可能完全这么操作，但是从里边可以得出许多有益的借鉴和参考。

老子的三宝

对治大国若烹小鲜的理解，还可以从另外一个角度。我们以老子来解释老子，老子在另外一章里曾经提出了这么一个观念，他说我有三样法宝：第一样是慈，就是慈爱，我有爱心，第一要慈，慈祥的慈；第二样叫做俭，俭省的俭；第三样叫做『不为天下先』，就是我不走在天下人前头。这话实际上就是对治大国若烹小鲜的一个解释。其中的第三个法宝最容易引起争论，尤其是以我们今天建设有中国特色的社会主义的观点来看，会对这个话非常地反感，说怎么

『不为天下先』呢？不为天下先，还能有发明创造吗？对我们写小说的人来说，你不为天下先，你抄天下的小说，你变成抄袭了，那你还有什么好的作品呢？舞台艺术也一样，不为天下先，怎么会有艺术的发展？自古以来，尤其是在中国进入了社会主义以来，我们经常提的口号叫做『敢为天下先』，就是全世界哪里都没有呢，我有这么一招，我敢于用这种方法，我敢于走在大家的前头，我敢探这个路。用鲁迅的话说，就是要赞美、要学习那第一个吃螃蟹的人。他认为谁敢吃螃蟹，这个太了不得了，因为你要没吃过螃蟹的话，看到螃蟹——它还不像别的，不像花生豆、不像麦粒，你拿过来嘴里嚼一嚼还挺好，煮熟了更好吃——螃蟹那个样子挺可怕的，那么多腿，上面那壳子也不好看，所以鲁迅说了，要佩服第一个吃螃蟹的人。解放以后很多的运动当中，经常各级党委也提一个口号：要做那个吃螃蟹的人，就是你敢做试验。我们对『不为天下先』这个话非常容易反感，正因为反感，我就先从这里说起：老子那个时候说的不为天下先，他指的不是科学研究、指的不是文学创作、指的不是书籍出版、指的也不是艺术表演，他指的也不是一个学派的建立，老子讲的不为天下先，仍然是讲的治国理政，他讲的是怎么样把一个诸侯国家治理好，进而能够取得当时所说的『天下』——就是其他的国家、诸侯国家——能够取得他们的信赖，叫做治国平天下。『不为天下先』的说法，我们很容易反感，很容易把它当做一个负面的命题：这老子太没出息了，而且没有创造性，韩国那个最有名的钢铁企业就写：创新是一个企业的灵魂，我们国家也是非常提倡创新，我们甚至提出来过：创新是一个民族的灵魂。没有创新，你还怎么往前发展呢？

但是我给你翻译一下，把他这个『不为天下先』我给翻译一下，就跟刚才我把中式衣服翻成西服一样。他所说的

治国理政『不为天下先』的含义，就是别出『幺鹅子』，一切都正常地进行：春种夏耘秋收冬藏，他说的就是不要——这说的有一点现代话了，加上我的解释——不要破坏环境，不要干力所不能及的事情，尤其是管理者，因为管理者和一个研究者、一个著书者确实还不一样，研究者著书者可以超前一点，可以把没有把握的东西先写出来，都等着有了把握、人家都做成了再写，你的书就没人看了。你敢于提新见解、新设计、新思路，这个是对研究者著书者思想者们的要求，可是管理者呢，要求你慎重、要求你负责，你别老出幺鹅子。这样的经验教训非常之多，有些东西已经是几千年几百年形成的一种生活的方式、一种工作的方式，即使要改你慢慢地改。这个『不为天下先』如果从这一点来理解的话，就会非常好理解了，因为治国的事责任太大、影响太大、易放难收，而且很不容易让它有条不紊地进行，所以他提出来『不为天下先』。

湖南唐浩明写的历史小说，有三部曲，一个是《曾国藩》、一个是《杨度》，还有一个是《张之洞》。张之洞是我的同乡，他是河北省南皮人，叫南皮张氏。他赶考的时候，据说主考官给他出一个上联：南皮县男童九岁——九岁就来考试，然后张之洞做下联说：北京城天子万年。当然这是民间传说，就说他一下子把这个主考官给镇住了。唐浩明的《张之洞》里头就写到张之洞在受到西太后的信任，担任了两湖总督，后来又担任了两广总督，他的职位非常高了，这时候他请教他的一个亲戚，好像就是他的大舅子，他夫人的哥哥，那个人很有学问，但是一生仕途困顿，没当上大官，他就送给张之洞四句话，我不全说了，他后边有两句话让你也是一愣，让你觉得中华文化绝了：力行新政——因为张之洞也是改革者啊，起码他是洋务派，被称为中国近代冶金工业的奠基人，我们拍过电视连续剧《张之洞》，就

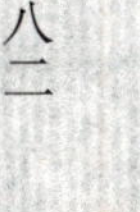

讲他在建立汉冶萍钢铁厂的时候，对我们国家工业发展的贡献——所以要『力行新政』，可是后边的一句话，我说得夸张一点：你打死我我也想不出来，这四个字你猜是什么：不悖旧章，说你又要力行新政，又要不悖旧章，他这个辩证的也可以，他这个大舅子道行也够深的了。你要力行新政，你要推动你的新政，但是你改旧的东西，要很小心，因为你改旧的东西，它会出现振荡、会出现反抗、会出现阻力、会把好事让你干不成，所以既要力行新政，又不悖旧章。『不悖旧章』是什么意思？『不为天下先』，我即使已经为『天下先』了，我都还要用旧的语言、旧的章程来加以包装，来加以解释，说我这么干是符合老祖宗的遗训的、是符合周公孔圣人的指导的、是符合中华民族——有说四千年的，五千年的，六千年，八千年的——我都没违背，你就这么干就好了。所以这确实是中国的一种为政的思想——不为天下先。

咱们倒着解释，倒数第二就是俭，俭省的俭，这个俭指的是一个全面的俭，而不光是金钱上、财富上、资源上的俭，你话也要俭——我就很抱歉，因为我在这儿讲话，时间不够我还得往上补，我想俭也俭不了——你要俭，你说话要俭、你行政要俭、你条文要俭、你会议要俭，你能俭的你就不再往上再摞，往上再增加。简单回过头来说，还是精兵简政那句话，要精简，所以俭。老子在另外的地方说『道莫若啬』，啬就是吝啬的啬，也是简单的意思，就是他要求的政治是含蓄的政治、是精简的政治，是节省时间、节省民力的政治，不要搞劳民伤财的政治。

要这么解释，我想我们对这个『俭』字也会有一个好感，甚至于我们对『啬』字也会有好感，还有慈，慈就很简单了：你要爱民，仁者爱人，你要实行仁政，你对于你所有治下的、在你的权力之下的这些人，要爱护他们，你要心疼他们、

治国理政「不为天下先」的含义，就是强调出「为」，一切都正常地进行，春种夏耘秋收冬藏。他说的就是不要——这说的有一点现代话了，加上我的解释——不要破坏环境，不要干扰万物不能及的事情，尤其是管理者，因为管理者有相一个研究者，一个著作者还不一样，研究者著书也许可以超前一点，可以把没有把握的东西先写出来，著书者有什么思想都把握，人家都做成了，写上你的书就没人看了，你敢于提新见解，新设计，新思路，这个是对研究者著书者们的要求，可是管理者呢，要求你慎重，要求你负责，你别去出这种花样，这样的经验教训非常之多，有些东西已经是几千年几百年形成的一种生活的方式，一种工作的方式，即使要改你也慢慢地改。这个「不为天下先」，如果从这一点来理解的话，就会非常好理解了，因为治国的事责任太大，影响太大，急于改变，而且很不容易让它有条不紊地进行，所以他提出来「不为天下先」。

湖南唐浩明写的历史小说，有三部曲，一个是《曾国藩》，一个是《杨度》，还有一个是《张之洞》。张之洞是我的同乡，他是河北省南皮人。[illegible]就来考试，然后张之洞就对下联说：北京城大千万年。当然这是民间传说，就说他一下子把这个主考官给镇住了。[illegible]明的《张之洞》里头说到张之洞在给西太后的信里，讲到了[illegible]。后来又担任了两广总督，他的地位非常高了。这时候他请教他的一个亲戚，好像就是他的大舅子，也是大人的哥哥，那个人很有学问，但是一生仕途困顿，没有出大官。他就说给张之洞四句话，我不全说了，他后边还有两句话让张之洞觉得非常中华文化的一部分——为政——因为张之洞也是改革者嘛，他是洋务派，被称为中国近代冶金工业的奠基人。我们都看过电视连续剧《张之洞》，就讲他在建立汉阳钢铁的时候，对我们国家工业发展的贡献——所以要「力行新政」，而后边的一句，我说[illegible]一点，你打破也想不出来，这四个字你都是什么，不守旧章，说你又要力行新政，又要不守旧章，但必须正的也可以，但这个大胆不值得你去冒这个险，你要力行新政，你要推动你的新政，但是你改旧的东西，要很小心，因为你改旧的东西，它会出现反抗，会出现阻力，会把好事儿办坏了，不要不守旧章，所以既要力行新政，又不守旧章。「不守旧章」是什么意思？「不为天下先」。[illegible]来加以解释，说这个是符合老子的思想的，是符合中国的一种为政的思想——「不为天下先」。

咱们回过头来解释，倒数第二就是俭，俭省的俭。这个俭指的是一个全面的俭，而不光是金钱上、财富上、资源上的俭，你话也要俭——[illegible]你要俭，你说话要俭，你行政要俭，你各方面要俭，你能俭的你就不再往上再增加。简单的来说，还是精简机构那句话，要精简，所以俭。[illegible]也是最简单的意思，就是他要求的政治，是合理的政治，是有价值的政治，是有时间、有人力的政治，不要搞劳民伤财的政治；要这么解释，我想我们对这个「俭」字也会有一个好的感觉，甚至于我们对这个「啬」字也会有好感，还有意思。总而言之：你要激励人，个要爱人，你要实行一政，你对于你所治下的，在你的权力之下的这些人，要爱护他们，你要让他们

王蒙讲说《道德经》系列

你要怜惜他们。你不能够对他们的痛苦、民间疾苦不闻不问，你更不能在『朝甚除，田甚芜，仓甚虚』的情况下养尊处优、耀武扬威、奢侈浪费，他说这是三个法宝，这三个法宝做到了，就能做到『治大国若烹小鲜』了。

第八讲 老子会怎样用兵

老子其人

在讲用兵之道之前，先说一点历史上对老子的记载。真正可靠的记载非常的少，所以现在怎么说的都有，说老子比孔子岁数大很多的也有，还有说他生下来头发胡须都是白的，所以他叫『老子』。这个我就不是特别相信，因为从妇产科的医学角度看不大可能，这就有一点文学化了，就像说贾宝玉一生下来嘴里含着一块玉一样。胡适就老是批评说，嘴里怎么能含着玉呢，不可能。我也觉得老子不可能生下来就白头发。但是《史记》上面有一点记载，说是孔子去见老子，回来以后，就向他的弟子谈对老子的印象，说老子这人太神了，说——这是书上的原话：如果是一只鸟吧，我知道它在天上飞，如果是一条鱼吧，我知道它在水里游，如果它是一只鹿、或者是一个走兽吧，我知道它在陆地上跑，我抓得着它：在天上飞的，我可以用箭来射——现在更可以了，有各种各样的步枪、高射炮，当然用不着高射炮打鸟——如果是鱼的话，我可以下钓竿钓，不管它在水里有多深，可以把它钓上来，如果它是走兽的话，我可以放猎狗或者骑上马追。我想孔子的意思不是说想把老子吃了，像烹小鲜，然后烹老子，不是这个意思。他的意思是说，你能抓得着这些，抓得住，摸得着，看得见；可是老子呢，他觉得像一条龙又像一条蛇，他能伸能屈，他一会儿挺长，一会儿一缩，

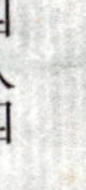

没了，像龙一样变化莫测。他说老子这个人太神奇了，他一会儿这样，一会儿那样，你根本抓不着他。你也不知道他是在天上、是在地下、是在水里。有这么一段，大意不是念原文，原文大家可以查书去。

老子的神奇兵法

老子对兵法的论述就充分显现了他这种『神龙见首不见尾』，你永远摸不着底，他到底是什么意思，他不给你说全了，以少胜多，以无胜有，那么几句话他就论述出来了。我要讲的主要一段话，就是《老子》第三十六章所说『将欲歙之』，『歙』就是关上、合上，『必固张之』，把它打开，我要想把它关上，得先把它打开；『将欲弱之，必固强之』，我要削弱它，就先把它加强、增强；『将欲废之，必固兴之』，我想灭了它，要先让它发展起来、兴旺发达起来；『将欲夺之，必固与之』，想从他那里拿东西，我得先给他东西。他这几句话，可以说是很神奇的，也是非常有争议的。宋朝的大理学家朱熹就说：老子之心最毒。朱熹是站在维护正统儒家观念上讨伐异端，所以他就抓住了这几句话，说老子的话太毒了，用现在的话是：这个人太阴了，他要灭你，先夸你，把你夸得头脑发胀；本来他要跟你借钱的，但他不——他先借给你钱，我借给你两次，你不好意思了，我下一次来一把狠的，我先一次借给你五千，下一次我向你借，一张口二十万。这人多阴啊，阴损阴损的。所以朱熹有这种说法。

老子不是军事家，没有人说他带过兵。但是自古以来，就有人认为《老子》通篇主要是讲兵法的，讲谋略讲兵法。还有讲中国古代哲学史的人把黄、孙、老——《黄帝内经》《孙子兵法》和老子《道德经》相提并论。我个人不是特别喜欢这种说法，因为老子讲得深刻得多、全面得多。它里头有许许多多东西是讲兵法的，还有许许多多不是专门讲

第八讲　老子会怎样用兵

老子其人

王蒙讲说《道德经》系列

兵法的，但是可以用到兵法上来。

老子是不是阴谋家

我们现在一个一个来解释。『将欲歙之，必固张之』，这到底是什么意思？我想举一个实际的例子，我想来想去，想了一个最没劲的例子，因为我想不出大的例子来，我就说坐汽车，车门没关好，就有一个灯亮了，提示司机师傅门没关好，你想在已经是半关半开的情况下，你想把它关紧太难了，所以要先开开。为什么呢？开开以后才有重新操作的余地，开开以后它才有惯性，你就拉一下，这一下我们假设它用的是四分之一秒钟，你拉的时候力气不大，车的运行速度就要有一个加速的过程，可能是那个时候、你刚开始拉的那个时候的前第百分之一秒的时候，它的运动速度是一分钟一厘米，第百分之二秒的时候，它已经是一分钟二十厘米了，到你关那一下的时候，啪啦一下——尤其是过去苏联的嘎斯69，要关的时候，没有大劲是关不上的，你得开得大大的才能关上，它有那个加速度才能关得上。

我讲这个例子和军事没有什么关系，但是它告诉你，做什么事你得先预留出一个操作的空间，要有一个加速的可能，这就有一点意思。我们还可以从另一个例子上来讲，毛泽东讲自己的军事思想举过这样的例子，就是说你要往前跑，得先往后蹬一下，田径赛跑的项目都有的，起跑器就是要让你的后腿能够蹬得上，蹬的劲越大，往前冲的劲越大，你门开得越大关的劲也就越大。这个既是兵法也是自然规律。如果说老子太阴险的话，那这不是老子阴险，自然规律就是那样。加速度要有一个过程，操作要有一个过程，而且作用力等于反作用力，这是牛顿的古典力学三大定律之一。所以如果说老子是阴谋，那咱们的物理学是阴谋吗？大自然是阴谋吗？大自然它就是辩证的啊！我就在想，老子太会

观察生活了，其实那时候没有这些理论、没有这些定律，他怎么得出这样的结论的？所以他一定是一个特别善于观察的人，才能总结出这样的经验和规律，然后用在生活当中，或者是军事和战争当中。

他特别能体会相反相成的理论，『将欲弱之，必固强之』，这样的事例、这样的故事就非常多。比如说春秋战国的时候，越国被吴国给灭了，就是『会稽之耻』——现在的绍兴一带，说是整个被打得一塌糊涂。在这种情况之下，越王勾践运用阴谋，欺骗吴王夫差，整天给吴王夫差灌迷汤，整天恭维整天说好话，不但给他说好话，甚至于还把西施、把越国的美女送到吴王夫差那里，让他骄奢淫逸、使他丧失警惕，使吴国越来越变成了一个吃喝玩乐、骄奢淫逸、不思进取、没有忧患意识的诸侯国，最后把它灭了。那就是『将欲弱之，必固强之』，这一类的例子特别多。我就不明白这个道理，以后可以请军事专家来研究：许多战争，都是强国并没有取得胜利，而恰恰是战争开始时弱的那一方取得了胜利，最有名的楚汉相争，项羽和刘邦相比，是项羽强，经常打得刘邦望风披靡、逃之夭夭，刘邦经常是这样子。项羽自个儿得意得不得了、得意洋洋，但是最后是强的一方失败了。

第二次世界大战当中更是如此，比如说原来希特勒发动对苏联战争的时候，是先欺骗了苏联，可以说是『将欲废之，必固兴之』，为什么呢？他先和苏联签订了互不侵犯条约，斯大林的错误之一，是他过分相信了希特勒的不侵犯苏联。因为当时西方有一些国家等着看笑话，让希特勒先打苏联，苏联也想看笑话，让希特勒打西方这些国家，所以就签订了这样一个互不侵犯条约，结果希特勒背信弃义，突然发动一场对苏战争。这个是『将欲废之，必固兴之』，希特勒定那个条约的目的就是要把这个条约撕破，他就是骗一下苏联，然后把苏联一口吞下去，先迷惑它一下。希特勒进攻

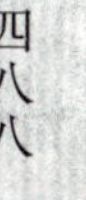

苏联，他认为是以强凌弱，因为当时苏联的军事装备、武器等等，都落在希特勒发动闪电战的机械化部队的后面，所以按照希特勒的理论，有那么几个月的时间就可以把苏联全部占领。当时他已经做了各种各样的分割苏联、瓜分苏联的计划。但是其结果也是强国败在了相对比它弱一点的国家的手下。

弱也可能胜强

为什么强了反倒会暴露弱点呢？军事上的事，我就大胆说一句，因为强有强的好处，也有弱点；强的好处是力量大，打起仗来我的武器强，你的武器弱，我把你就灭了；但是强也有强的弱点，因为强的战线长，苏联是防守，德国是进攻。另外强的这一边往往缺少持久战的准备，有许多战争的失败就是因为没有持久战的准备。当时德国发动这场战争甚至认为在入冬前就可以结束，偏偏苏联人跟他坚持周旋，不惜以重大的伤亡为代价拖住了他，使他进不得退不得，就光一个『冷』字，就让希特勒的法西斯军队受到了大量的损失。这是重蹈了拿破仑的覆辙，拿破仑也干过这事，他打莫斯科是库图佐夫在那里守卫——所以后来苏联定过规矩，就是进攻的时候——有一个进攻的将军苏沃洛夫，就设了一个苏沃洛夫勋章，奖励进攻的军人；守的时候了如果立了功，就发库图佐夫勋章——库图佐夫坚壁清野，莫斯科放了大火，烧了几天几夜，让拿破仑占领了一座空城，要吃的没吃的，要喝的没喝的。天寒冷下来后，库图佐夫来一个大反攻。他也是『将欲弱之，必固强之』，让你充分地呈现你的强势。我不懂军事，但是我看过好多这方面的电影，包括打败拿破仑、讲库图佐夫的，柴可夫斯基的《1812胜利进行曲》，也是表现这一段战争的。

《斯大林格勒大血战》，那是讲第二次世界大战的。它们有一个共同的特点，就是俄罗斯或者苏联这一方，绝不把自己的后备力量暴露出来，打坚守战、阻击战，这些人太惨了，有时候真是赤手空拳地和德国鬼子搏斗，有时候伤亡的比例非常之大。但是决策者当时有大量的军队在树林里面捡蘑菇，我就是不露，我就逗着你，让对方把你的全部力量拿出来、把你最强的力量都拿出来，你拿出来在这儿拼，我这儿也跟你拼，拼拼拼，拼到你那儿快不行了，我这儿后备力量才上。

这个，中国自古以来的军事思想都有过，曹刿论战也是这样，敲第一通鼓，我不往前进攻，敲第二通鼓，我还不往前进攻，我让你把你那个热劲儿都提起来，但是我不动，第三次鸣鼓进攻了，你的劲儿过了，我这儿才进攻。这是『将欲弱之，必固强之』；将欲废之，必固兴之』，这是有一点毒。

利用对手的弱点

这一类的故事，我们当故事讲好了，据说民国时期，有一个很有名的军阀，整人有一招，他讨厌谁就把谁封成司务长，司务长就是管总务管钱财管行政这一摊的，财务都归他管，一般的给你封上那么两年以后，开始查你的账，抓住问题枪毙。这个是损招，我把你封成司务长，你对我没有什么警惕、没有什么防备，觉得你最信任我，钱财、各种好东西，都由我管，这种情况之下你会有不慎重的地方、你会有漏洞，抓住漏洞我狠狠地整你，这也是『将欲废之，必固兴之』。

这里我要插一段话，什么话呢？老子的这些话里可以看出，跟对手周旋的时候，或者是作战的时候，你要充分利用人性的弱点。人性的弱点是什么呢？就是胜则骄，败则馁；人性的弱点是什么呢？就是有贪欲；愿意自己强、愿意自己兴、愿意自己大出风头，而不愿意踏踏实实、稳稳重重的。我就把你这一点让你做足了，你不是要出风头吗？你出！

你不是要胜利吗？你胜！最后真正到了时候——不到火候不揭锅——到了时候的时候，我再灭你。应该说，老子兵法的思想里如果说有狠招、有损招，那也可以这么说。

王熙凤是怎样灭尤二姐的

『将欲废之，必固兴之』，还有一个例子，这个例子也是有一点阴损，但是我很喜欢这个例子，就是王熙凤灭尤二姐：贾琏在外边置了一处不大的房子，在那里他还不是包二奶，是包三奶包四奶，他包的是谁呢，是尤二姐。王熙凤事先连知道都不知道，后来这个也好玩，赶得巧，她是从谁那儿知道的呢，是从给贾琏服务的兴儿，就是这个『兴』字，『将欲废之，必固兴之』这个兴字。她审问兴儿，知道了这些情况，然后她就直接去找尤二姐，表示多么地欢迎，欢迎一二三四五六七八奶，全欢迎。我给你腾出正式的房子来，我给你高宅大院，我给你好好地伺候，一切按大奶待遇等等。这个王熙凤太厉害了，她能忍住气，她能忍住酸，她能变成一个真正的笑面虎。她把尤二姐接进去，接到贾府以后，对不起，你可就是在王熙凤的权力系统、管理系统也是服务系统——整个在这个系统之中了。你是喝酒啦、吃饭啦，你是想吃面啦、还是想吃米啦，你吃甜的啦、还是吃辣的啦，你是失眠还是蒙头大睡，我一概了如指掌，而且全体服务人员都听我王熙凤的，不可能听你尤二姐的。所以尤二姐就活活地被王熙凤给折磨死了。可以说这也是『将欲废之，必固兴之』。

欲取先予

『将欲夺之，必固与之』。这个容易理解，不管大事小事，它不是单方面的，你老从人家那里夺，人家不干。毛

泽东早在苏区的时候，就写过一篇文章，叫做《关心群众生活，注意工作方法》，提出来一个什么口号呢？说你要用百分之九十的力量，去给老百姓东西，然后用百分之十的力量，跟老百姓要东西，要东西——我要他交粮、让他当兵、让他帮着修工事，他说你有百分之九十的力量帮他打土豪、分田地，组织生产、组织医疗，识字课本、教唱歌，你天天都在为他服务，然后到时候你说咱们该交公粮了，一家交多少，他就容易接受。如果你只是在勒索、只是搜刮，你就站在了人们的对立面了，所以『将欲夺之，必固与之』是比较容易理解的。

相反相成

从上述的这些话，我们可以看到两点：第一点就是相反相成，尤其是在对敌斗争中，在战争中要充分利用对方的弱点，或者换一个说法，就是要引导对方犯错误，要等着对方露出破绽；再有一点就是，这并不是由于老子生性阴谋诡计多，而是由于老子懂得天道，天道就是如此，就是相反相成，物极必反，什么事达到顶端的时候，就自然会走向自己的反面。所以我不赞成把老子当成一个阴谋家，因为老子他讲的是天道，并不是仅仅讲手法。有人会认为老子是阴谋家，非常不喜欢这几句话，那就看你用在什么地方，如果你把这个用在和敌国的交兵上，那你这样做当然对，你不骗敌国行吗？你不可能先开开大门，说咱们都是君子一言，咱们掰腕子，掰三下，谁赢了就算谁的，不许犯规——这个是在对敌作战，是战争、是军事，就没有问题。

可是你要把这一套招数用在自己人身上，你如果把这一套招数，用在甚至于家庭内部，说我想从你这里搜刮一点什么，我先得向你示好，先把你骗过来，这当然就非常的差。所以问题在于，谁来使用这个东西和用这个来对付谁。

我想起克雷洛夫的寓言里有这么一段话，而鲁迅最喜欢引用这个话，说鹰可以和鸡飞得一样低，但是鸡永远不可能和鹰飞得一样高。老子的理论里边有一部分表面上看，跟阴谋诡计有一点相像，但是阴谋诡计者他永远掌握不了老子大道的境界，他永远掌握不了天道，因为违法乱纪本身就是不符合天道的。用在大是大非上，就能体现大智大勇，如果用在小事情上，就体现出小阴谋，就体现出的是阴险狠毒，像王熙凤似的阴险狠毒狡诈，就变成了一个完全负面的东西。

老子的反战思想

我不赞成说老子是阴谋家，还因为在《道德经》里，老子多次地表达过他非战的立场，他是反对战争的，现在海内外都有人特别捧墨子，就认为墨子是非战的，其实老子也是非战的。老子关于这方面的话也挺多。在《老子》第三十一章里说『兵者不祥之器，物或恶之』，『恶』就是厌恶，他说的『兵』就是军事手段：刀对刀——那时候当然还没有现在的枪——刀对刀、矛对矛的杀人。这个很不祥的，它带来的是血腥的死亡。这个世界，『物』就指外界世界，其实人们都是讨厌战争的，没有人特别好战的，『故有道者不处』，真正有道的人，不会整天研究战争、那么好战——我不得已而打仗，但是我不好战。这方面老子讲得很多，现在听起来挺遥远的。

平常『君子居』，你在家里的时候，『贵左』，左面是上座，可在军中要坐在右面，为什么呢？这不是什么好事，不是请客吃饭，要坐在右面，才表示这是丧事，『以丧礼处之』，打胜的话，应该像办丧事一样，胜不可以喜，兵者『非君子之器，不得已而用之，恬淡为上』，就是把它看得淡一点，『胜而不美』，就是胜了，你别美滋滋的，因为你不愿意打仗，不得已才打仗，打胜了也不能得意洋洋、美滋滋的。『而美之者，是乐杀人。夫乐杀人者，则不可以得志与天下矣』，如果你打一个胜仗就美得不行，说明你很喜欢杀人，喜欢杀人的人，希望你不要有志于天下；天下别归你管，要归你管，你动不动就老想打仗。

这虽然有理想主义的成分，解决不了实际的问题，也制止不了战争，但是起码我们可以知道，老子对战争的无可奈何，同时他从心里不喜欢战争。他在另外一个地方说——这也变成了名言，和我们前面说的宠辱无惊，知白守黑、治大国若烹小鲜一样，变成了名言警句——叫做『大军之后必有凶年』，他认为战争是很不吉祥的事情，是违反天意的事情，因此在一个大的军事行动之后，必然会有天灾，不是旱灾就是水灾，要不就是其他别的灾——『大军之后必有凶年』。从老子本身来说，他是不赞成动辄打仗的。

老子还在另外的地方说『天下有道，却走马以粪』，『走马以粪』也有各种解释：说天下有道，大家都按天道办事，就没有什么战争，实现了和平，用不了这么多的战马，就把马赶到农村，农村里就粪多。是不是这个意思？我不知道，反正那个意思要让我解释，我就解释得很简单，就是这些战马，随它自个儿拉屎去吧！就完了，没有多大的用。『天下无道，戎马生于郊』，天下无道的时候，到处打仗，天下大乱，这时候到处看见的都是战马，战马都出来了。这些地方都可以看出来，老子虽然讨论兵法，也深通兵法里面辩证的要领——不是说真会打仗，因为咱们也没听说过老子带兵打仗的任何实践，至少从理论上，他知道战争是辩证的。

毛泽东的军事思想

在兵法上、兵法的辩证法上，老子的思想和毛泽东的军事思想有特别相近的地方，毛泽东的《中国革命战争的战

略问题》讲的许多道理就是这个。他讲的是以战争来消灭战争，就是我们的目的不是为了不停地打下去，而是为了消灭战争。毛泽东还讲『后发制人』，有一句成语叫『先发制人』——争取主动，但是毛泽东那个时候的农民起义或者工人起义，军力是很弱小的。用弱小的军力，去抵抗强大的对立面的军队——国民党政权军队的时候，是处在弱势，处在弱势要后发制人。『后发制人』是什么意思呢？就是我不暴露自己的力量，毛泽东提出来关于游击战争的思想，常听到的有『敌进我退，敌驻我扰，敌疲我打，敌退我追』——你不是气势汹汹吗，武器也好、人也多，你来了以后我就退，那没办法，我打不过你。毛泽东在另外一个场合也讲过，说什么叫军事，打得赢就打，打不赢就跑，这是大实话。『敌进我退，敌驻我扰』，你进来了、你想在这里长期驻下来，对不起，我跟你捣蛋，我不能让你舒服了，我让你一天都睡不上一个踏实觉，今天这儿给你爆炸一下子，明天那儿给你点击一个，就是『敌驻我扰』。等到你那儿烦了——因为毛泽东主张的是人民战争，他是靠老百姓，他的革命口号，全部都是针对下层的，所以老百姓想跟你捣乱，那你老没有好日子过，你没有好果子吃。然后『敌疲我打，敌退我追』，等你打不过我的时候，对不起，我就要追着你打了。所以他的这些军事思想，非常受老子思想的影响。

哀兵必胜

这个也是中国特有的一种弱者的军事思想，就是我们在军事上不要当强者，我们是弱者，这样能够有一种道义的优势。军事上是这样，非常强的军力——当然我们也希望我们国家有很强的军力，但是过强的军力有时候会失去道义上的优势：你横啊，你壮啊——比如说咱们路上看见两个人打架，一个是又高又大又壮，手里头还拿着棍子或者是拿着什么武器，另外一个瘦小枯干或者是年老体弱，大家的同情心会非常自然地就同情弱者。所以老子又有一个思想，叫做『哀兵必胜』，就是：我是不得已的，是你要侵略我、是你要压迫我、是你要消灭我，你不让我活着、你不让我诸侯国家存在、你不让我这个民族存在、你要实行民族灭绝，我现在到了最危险的时候，现在我已经快气死了、我已经窝囊死了、我太悲哀了，这种情况之下，我只能够跟你决一死战——取得了道义上的优势、取得了情感上的优势，你充满了悲情、你悲愤欲绝，在这种情况下，你打仗容易胜利，所以这也是老子特别有名的话。他的『哀兵必胜』的思想以后也完全被咱们中国人所接受了。

所以你看似策略的问题，比如说『将欲歙之，必固张之；将欲弱之，必固强之』，除了策略上的考虑以外，让我们试着探讨一下，这里边是不是也有道义上、士气上、民心上、外界舆论上的考虑，就是说：我不是那个狠的，我不狠、我不比你强大，我所以奋起抗争是因为你骑脖子拉屎，逼得我没有办法了。老子他很讲究这个，这个是弱者的武器：我武器不如你，现在是你欺负我，不是我欺负你，这样一种军事的思想，为什么起义者、革命者很容易接受？因为起义者革命者，在开始的时候都是处于弱势的。

弱者的智慧

也有人把这种说法称之为什么呢？这个就不如『哀兵必胜』好听了，称之为无奈的智慧，迫不得已而为之，因为你处于弱势、你处于劣势，所以有些东西你要忍耐，有些地方你要让步，有些时候明明他已经骑脖子拉屎了，你还得往后退。所以我觉得这个就是老子的用兵策略：将欲怎么着，必固怎么着。你心里这么想，你还做不到，这里头也有无奈的战争。也有在道义上为自己争取支持，争取民心的成分。毛泽东在解放战争中运用的也是这个方法，他都是出来还击的，以大局为重后退，就是要撤退撤退，我坚持是那方面的合理的，让你进入的作战，让你进入包围部是敌情的包围之中，进入一个你不熟悉的环境里边，另一方面他用这种撤退，后退来表明我不是存心挑衅，不得已，你最最强者，你是内战的发动者，你是挑衅者，所以在解放战争当中，甚至连延安都放弃了。延安是一个标志，是一个符号。当时革命根据地的中心是延安，胡宗南部队进攻了，我撤离延安到陕北跟你周旋，毛泽东和周恩来，走出来了，是争全局的前途，他不守黄河，进入山西再到河北平山。

所以，我觉得老子的这些说法，同样也有政治的考虑，也有道义上的考虑。在非常非常必要的时候，必须在必样的时候，老子在底下还有一句，他说「是谓微明」，「微明」这两个字，要从现在的政治来说就是有一点光亮，说学家教授们的解释，就说这是一种非常微妙的智慧，我愿意把它解释成两面都有，第一就是说我的智慧是示弱的，是不得已的智慧，是无奈的智慧，我不是强者，我并不把自己打扮成一个强者，是很微小的、很微弱的、柔弱的智慧，老子这么说的同时，又是非常微妙的，非常妙，让你抓不住摸不着学不会，这也绝了。毛泽东在《目前形势和我们的任务》这篇文章里也曾经说过：我们这些军事战略都不是秘密。因为敌人看到了，也就是学不成。这个东西在中国的历史，不可能说了。「是谓微明」，就是你要有这么一点光辉，又有一点亮，也有一点黑，也有一点明白中黑的意思，你要有这种智慧。

老子还说「柔弱胜刚强」，他又提出这么一个命题，就是在战争当中，就是柔弱的能够战胜刚强的，因为柔弱

四九六

四九五

者是正义的，因为柔弱者有较多的弹性，因为柔弱者最讲究策略，因为柔弱者我不会去挑衅，我不会自我膨胀，所以柔弱常常能够战胜刚强。老子也说过「以柔克刚」，也说了又说「鱼不可脱于渊，国之利器不可以示人」。「示」就是给别人看的意思，展示。也就是鱼不可以从水里头拿出来。「国之利器」，一个诸侯国、一个国家，它的最厉害的利器，不展示给别人，如果把利器展示给别人，就像把鱼从水里拿出来：你看我这条鱼养得好不好？你从水里拿出来给人家看，人家看完了以后，你的鱼再放回去，它不行了，它死了，是这个意思。这个国之利器，还有解释的说，一般的解释者认为国之利器，指的就是前边说的这套最厉害的东西，就是「将欲歙之，必固张之；将欲弱之，必固强之」。这个也是不能告诉人的。当然了，如果那个军队任命谁当司令的时候，告诉他说：小米，你小心一点啊，老子要求恰当了。我去过台湾两三次，估计两年以后，我不会再说你也是的那种了，我也跟你一般见识，那就算了。

要不要隐藏武器

但是你也可以从另一个角度上来考虑，就是你总要有些东西，总要有些秘密武器，总要有些隐蔽的东西——过去体育比赛里也讲这个，有时候说谁谁谁是他们的秘密武器，她一直不上场，大赛以前她一直不上场，她留了一手绝路的发球，对方都不了解她的球路，她就最后那三五个球了，当然前面她也上场，她发几个球，让对方不清楚她的路数。她从来不上场，从来不参加国际比赛，三个球一发，完了，对方失败，她胜利了。你这么理解也行，这当然也对。

「国之利器不可以示人」，你的最好的武器，你的最厉害的武器，并不想让别人知道，这就像杀手锏一样，你就等人家有了，那它失去它的作用了。当然用现代的政治观点来看，这也有片面的地方，因为现在讲究透明度，

又讲究知情权，有一些东西还不能够说什么都掖着都藏着，可我相信不管怎么透明，总还有一部分要深藏、要含而不露。这里我又发挥出去——整个的中华文化，提倡的是谦虚是含蓄，是不要把什么事做得太淋漓尽致，要不为已甚，不要把事情做得太过了。尤其在老子那里，我们可以通过他的『国之利器不可以示人』，看出来他提倡的是从风度上相对比较含蓄，不必什么事都要做到百分之百，更不要做到百分之一百二十、百分之一百五十。你适可而止，留有余地，留下空间，留下发挥的可能，这个是老子的想法。

当然就是这些想法，也可以变成阴谋，中国社会上也有这种说法，说『逢人只说三分话，未可全剖一片心』，这个话同样看你怎么理解，如果你认为他是提倡阴谋诡计，认为他是作伪提倡虚假，这有可能，就是弄好了成佛道，弄坏了进魔道，走火入魔，学老子学得走火入魔了，这个也是完全可能的。老子所提倡的，就看你用在什么事情上，你说你一个人保持适当的含蓄，这个还是完全正确的。

以正治国以奇用兵

老子在刚才说的这段话后还有一段话，可以做这一段的解释和补充。他在第五十七章里说，按照大道应该『以正治国，以奇用兵，以无事取天下』，就是执政要非常正派，按照正道走，是什么就是什么，该说什么就说什么，一切都是按照正常正派正路正式的方式来走，要正；但是用兵要奇，要出人不意，要出怪招，要敢于出怪招；『奇』另外一个音就是『奇』（读jī），就是说它是独一无二的东西，你能够用这种和别人的方法、兵法完全不一样的方法——人家那么做我偏偏这么做，『以奇用兵』。老子的这个思想、这个观念，我们可以认为也完全是被毛泽东主席所接受的，

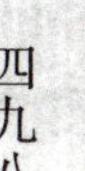

他打的很多仗都是与众不同的，和别人的想法完全不一样的。但是老子最后又归结到『以无事取天下』，我以不折腾人、不出幺蛾子，以普普通通正正派派平平淡淡的方法，来治理这个国家，取得天下的信任。我觉得老子的说法，帮助我们理解：可以以奇用兵，但是不能以奇治国。以奇治国，是拿老百姓开涮了。他是『以正治国，以奇用兵，以无事取天下』。

老子在另外的地方还有一些对军事的说法，也奇奇怪怪让你半懂半不懂，你是越不懂越想懂，越想懂，越不懂，最后你对他更产生兴趣，所以我说它训练智慧，不是咱们学完这个或者是听完这个以后，咱们都会用兵了，回去以后都可以当团长营长了，这不可能，但是他对于智慧是一个操练。比如他说：『用兵有言：「吾不敢为主而为客，不敢进寸而退尺。」是谓行无行，攘无臂，扔无敌，执无兵。』什么意思呢？是说，我要用兵的话，我不敢采取攻势——就是为主、采取攻势——我不敢采取攻势，我不敢挑起这场战争，而我宁可采取守势，因为采取守势，我可以避免伤亡，我可以观察情况，我可以寻找对我有利的战机；『不敢进寸』，我不敢轻易地随随便便地往前进一寸，因为进一寸，就进入了敌方的阵营了，谁知道敌方的情况——天时不知道、地利也不知道、埋伏也不知道，你都不知道，很危险，『而退尺』，我可以退一尺我也不进这一寸。这也有一点刚才说的大踏步后退、大踏步前进的这种观点。

他底下说的有一点意思，我想来想去有一点游击战的意思，『行无行』，就是行军的时候，我不排成队，我排成队多傻啊，多容易被对方发现啊，我不用排队；『攘无臂』，我把武器弄出去，我让你看不见我胳膊，『臂』就是胳膊，就是我发射武器的时候，或者我使出武器来的时候，我让你找不着我的胳膊在哪儿，你没看见我的胳膊在哪里那一射

子弹已经从嗓子眼穿过去了，你已经玩儿完了，神奇不露痕迹；『扔无敌』，『扔』就是指对抗，去对抗的时候找不着对手，所以我说，他有一点游击战的思想——可以用游击战的思想来解释它，不是说他真有游击战的思想，他那个年代也没有游击战这个词，但是他所设想的神龙见首不见尾、不露痕迹的战争，『让你找不着我』的用兵思想，在中国，从孙子兵法一直到毛泽东讲军事，都有类似的话，就是你打的时候让你找不着我，你永远找不着我的主力在哪里，而我打的时候，我想怎么打就怎么打，我按我的方法，我找着你以后——因为你动作很大，你是强者，你是机械化部队、你又是坦克又是战车，运输也都是大卡，我这两条腿——所以我就要做到：我看得见你，你看不见我，你在明处我在暗处，我也是知白守黑。

善战者不怒

老子对于战争，是用这种神龙见首不见尾、不留痕迹、让对方抓不着自己的这种方法来考虑战争。在第六十八章里他还提到『善为士者不武』，『士』指的已经不是读书人了，指的是武士，就是搞军事的，军官也好、军人也好，我『不武』，我不那么威风，我干嘛那么威风凛凛的，威风凛凛的不更暴露自己了？你走到哪里都威风凛凛，都有一副要压倒别人的气概，你干吗？『善为士者不武』底下说的一句话，尤其被中国的传统文明非常看中，叫做『善战者不怒』，就是我不怒气冲冲的，我保持清醒保持冷静。但是『善战者不怒』和『哀兵必胜』有一点矛盾：哀兵已经是很哀了，悲哀悲愤，但哀兵是兵，他还要必胜、他还要打仗的，不是说我悲哀了，我就光在那儿抽泣，这不是林黛玉的悲哀，要是林黛玉的那个悲哀行了，林黛玉也是哀兵，但是她是必不胜，而老子讲的不是林黛玉的悲哀，是整个的一个军队、一个诸侯国、一个民族的悲哀，那么你悲哀了以后你会必胜。可是他又提出这么一条『善战者不怒』来——语言表达事情，表达精深的道理，常常无能为力，常常会有漏洞：你说了一，你忽略了二，你说了二，你忽略了三，你要一二三都说了，你等于什么都没说。

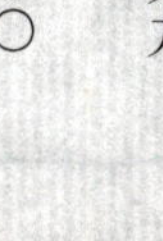

有时候我们经常在语言上会发现这一点，比如说别人问我：这个主持人怎么样，我说主持人聪明极了，然后底下我又赶紧补充，她聪明是聪明，可是她有时候也冒傻气，后来我觉得说冒傻气不对，我说她虽然又聪明又冒傻气，有时候她也不冒傻气，也不显特别聪明，你如果这三句话都说了呢，你等于什么都没说，因为这话用到谁身上都可以，所以说话是非常困难的。

但是老子的『善战者不怒』已经被中华文化所接受了，很多名人、很多大人物——我上次说过他们有座右铭叫做『宠辱无惊』，还有很多大人物，据说林则徐有一个座右铭是『制怒』，就是你别生气。年轻的时候尤其重要，年轻的时候，很多自找倒霉的事、很多傻事都是因为一怒而生的：由于一怒，说出不应该说的话；由于一怒，做出不应该做的事；由于一怒，得罪了不应该得罪的人；由于一怒，没有能做一个最稳当最妥帖最巧妙的决定。如果善战者易怒的话，打仗是一个历史的任务、一个军事的任务，并不是个人的匹夫之勇、个人的突然一生气，就打起来了，不是这个意思。

它提出『善战者不怒；善胜敌者不与』，『不与』是什么意思？就是不露空子，我不留空子给你，不把破绽露给别人看，不把自己最虚弱的地方、所谓软肋暴露出去。老子有这样的观点，他说『善用人者为之下』。是谓不争之德，是谓用人之力，是谓配天，古之极』，他指的就是：你是管理者，他是被管理者，我『为之下』，我要做的是自己要比那个被使用的子弹已经从你眼前穿过去了，你已经死了……「扔无敌」，「扔」就是指对抗，去对抗的时候找不着对手。所以我说，他有一点游击战的思想——可以用游击战的思想来解释它。不是说他真有游击战的思想，他那个年代也没有游击战这个词。但是他所设想的神龙见首不见尾、不露痕迹的战争，「让你找不着我」的用兵思想。在中国，从孙子兵法一直到毛泽东讲军事，都有类似的话，就是你打的时候让你找不着我，你永远找不着我的主力在哪里，而我打的时候，我想怎么打就怎么打，我按我的方法打。我按着你以后——因为你的动作很大，你是强者，你是机械化部队，你又是坦克又是战车，运输也都是大车，我这两条腿——所以我就要做到：我看得见你，你看不见我，你在明处我在暗处，我也是知白守黑。

善战者不怒

老子对于战争，是用这种神龙见首不见尾、不留痕迹、让你抓不着自己的这种方法来告诉战争。在第六十八章里也还能找到「善为士者不武」。「士」指的应该不是读书人了，指的是武士，就是搞军事的。军官也好，军人也好，我「不武」，我不那么威风，我干嘛那么威风凛凛的。威风凛凛的不更暴露自己了？你走到哪里都威风凛凛，都有一圈要保护的人的严密，何苦呢？「善为士者不武」就下面的一句话，尤其是中国的传统文明非常看重。比如「善战者不怒」，就是我不发脾气的。我保持着清醒和冷静。但是「善战者不怒」跟「哀兵必胜」有一点矛盾，哀兵与怒是联系了。悲哀悲哀，但是哀是哀，也还要必胜，也还要打仗的。不是说我悲哀了，我跟你在那儿哭泣。这不是林黛玉的悲哀，更是林黛玉的那个悲哀得了。林黛玉也是悲哀，但是她是必不胜，而老子讲的不是林黛玉的悲哀，是整个的

一个军队、一个部落、一个民族的悲哀。那么你悲哀了以后你会怎么样？可是后来又提出这一条「善战者不怒」来——语言表达事情，表达精深的道理，常常无能为力，常常会有漏洞：你说了一，你忽略了二；你说了二，你忽略了三。你要一二三都说了，你等于什么都没说。

有时候我们会常常有这样一点，比如说别人问我：这个主持人怎么样？我说这主持人聪明极了，然后底下我又补充说，然而聪明是聪明，但是他有时候有点冒傻气，后来我觉得说冒傻气不对，我说他虽然又聪明又冒傻气，有时候又不冒傻气，也不是特别聪明，你越来越不知道了。你等于什么都没说。因为这话用在谁身上都可以。所以说这是非常困难的。

但是老子的「善战者不怒」已经成为了中国文化中的一个常识，很多的人，很多大人物——我上次说的毛主席都讲过「骄兵必败」。还有很多大人物，比如说林则徐在一个地方挂的是「制怒」，就是很明白的。年轻的时候尤其重要，年轻的时候，很多由于激动而做的事情，很多激动者都是因为一怒而开始的。由于一怒，说出不应该说的话；由于一怒，做出不应该做的事；由于一怒，得罪了不应该得罪的人；由于一怒，做出了一个最糟糕最愚蠢最没有必要的决定。如果善战者是怒的话，它就是十个战场的机会、一个冲锋或撤退，并不是个人的闪光或个人的得失，讲出来了，不是这个意思。

下面说「善胜敌者不与」，「不与」是什么意思呢？就是不跟他斗。我不跟你针锋相对，不跟敌人硬碰硬，不能让自己以最强硬的面目、最粗暴的面目出现，这才有可能。所以说「善用人者为之下」。是谓不争之德，是谓用人之力，是谓配天，古之极」。这话很深刻，也很有道理。我「为之下」，我要求我自己要比那个敌人更低

人更谦卑，他说这是用人之道，他说这是不争之德、用人之力，是配天之极。他把它看得非常重，说你能够用别人的话，你要跟天一样有道行，你和天的高度一样，你越要支配他、越要使用他、越要领导他、越要管理他，你越要把自己放在下面。他这里本来是讲军事的，最后讲起用人来了，这个也挺有意思的。一个是不怒——制怒，一个是用人的时候能够『为之下』。

从军事说到用人

中国这个社会，在老子那个时期已经有很多人讨论用人的问题，孟子就说过：『君之视臣如手足，则臣视君如腹心，君之视臣如犬马，则臣视君如国人，君之视臣如土芥，则臣视君如寇雠。』什么意思呢？侯王拿我当手足，当兄弟一样看待，那我看你就是我的主心骨，你就是我的心腹——『心腹』在当时认为是人最重要的——当时还不知道大脑的支配作用，他说你如果拿我当手足来看待，情同手足，咱们感情这么好，而且你跟我平等，我就拿你当心腹来看待，如果你要是待我如犬马，跟你养的一匹马一只狗一样，我视你如国人，就跟一般人一样，咱们就是：你有用得着我的时候，我也有用得着你的时候，就完了；你把我看成土芥，就像土里边的小草、野生植物，或者是什么乱七八糟小菜一样，如果你拿我不当人看，我就拿你当寇雠（仇人）看。中国文化也挺有意思，中华文化是长期封建专制的，都是自上而下，什么事都得听皇帝的、听国王的，听诸侯的，但是它又从『道』上来补充、来限制，甚至于来监督你，臣应该忠君，所有的中国古代文化都是这样讲的，但是它又提出『如果你视我为粪土草芥，我就视你为仇人』，给出了这样一个警告。

骄兵必败

老子在其他的地方又讲过『祸莫大于轻敌』，这很实在，你又会觉得老子不那么玄妙了，他有非常玄妙、非常神奇、非常的——就是说他进入化境，有那种『谈笑静胡沙』、有那种对什么事都看作小菜一碟的一面，但是他又有非常谨慎、非常实际的一面。『祸莫大于轻敌』，这也是已经被中华文明所接受的一个理念，就是骄兵必败——谁骄傲、谁粗枝大叶、谁麻痹轻敌，就必然失败。从这个意义上我们又可以理解，老子前边说的那些被认为是阴谋的东西，中心的中心、重点的重点就是引导敌人骄傲：我什么事都让着你，我什么事都往后退，好好好，我把这个路给你敞开，这样你会越来越骄傲，你越骄傲离失败越近，我越谦虚离胜利就越近。这些东西以后就变成了中国的谋略，比如说我们讲『欲擒故纵』，多少有一点放长线、钓大鱼的意思，就是我为了抓住你、为了控制你，我故意把岗哨先撤了，我麻痹你，这样我放长线才能钓到大鱼。有许多东西都是和老子的这些思想相一致的，谋略是不可能没有的，谋略里边也有许许多多的诡计，许许多多的这种所谓『诱敌深入』，这也是毛泽东爱讲的军事术语。有很多这样的东西，包括在政治上，一九四九年以后的历次政治运动当中——这些政治运动本身，我这里就不评价了——总说牛鬼蛇神都要一个一个地跳出来，这些都是欲擒故纵。我们的目的是打败你、我们的目的是消灭你、我们的目的是把你管制起来——当然政治上的是非，我这里不谈，就从策略上来说，我先让你有一个暴露的过程，先让你有一个放肆的过程，先让你有留下你的空子、你的辫子的一个过程。中国讲谋略的这个方面，在全世界鲜有其匹。但是老子不光是谋略，如果光把老子看成是一个谋略家，那就是你看到鹰飞到鸡窝上，就认为它是鸡了，老子还讲世界观，他还讲大道、他还讲非战、他还讲

和平，所以如果我们把这些东西全面地理解了，我相信：说由于读了《老子》，变成了阴谋家了，这样的可能性微乎其微；由于读了《老子》而变得更聪明了、更有智慧了、更沉稳了、更含蓄了，这种可能性我想是有的。

第九讲　老子的养生理论

中华文化中的养生问题

今天讨论一个和每个人都最有关系的问题，就是老子的摄生。摄生，在庄子那里就是养生，现在「养生」这个词，已经被普遍地接受了，但是摄生是老子最早提出来的，要是查《辞源》，它解释「摄生」就是「养生」，但是我觉得从词义上，略略有一点不同。摄生的「摄」有汲取的意思：摄取、提取，还有聚拢、凝聚、聚集的意思，还有珍重、保护的意思：善自珍摄。所以在重点上有点不太一样。

我们现在很讲究养生，书店里也出好多这类书，但有一段时期，我们把养生当一个反面的词嘲笑它。现在年轻人不知道了，在「文化大革命」当中，有一个电影叫《春苗》，是写一个赤脚医生的故事，它写医院里有一个修正主义分子，他怎么修正主义呢？就是整天弄一帮人在那里研究「养身疗法」，他倒没说是「养生」，他说是「养身」，把身体养起来。从某种极端意义上来说，养身就是养尊处优，就是不去奉献，不思进取，整天养着，你说这不是剥削阶级、不是坏蛋，不是周扒皮？要不就是南霸天——从那个角度来说。可是老子与庄子非常注重摄生、养生。我还要说，道家、道教讲究摄生养生，这正是这一派一教的一个亮点，是它们的魅力所在之一。

有趣的是摄生也好，养生也好，爱护自己的生命，延长自己的生命，维持健康也好，在西方绝对是一个生理卫生学的问题，是一个医学的问题，是一个和营养、医药、居住、环境、空气、睡眠、心肝脾胃肾、细胞——是跟这些东西联系起来的，属于科学的范畴。

但是在中国呢——也不是没有道理——把它看成一个修养的东西、一个修身的问题、一个精神境界的问题、一个道行的问题，或者说得俗一点，如果你很有道行，你的境界很高、学问很深，那么你这套方法就干什么都行：你可以治国平天下，你也可以用来调理你个人的生命现象、生命体征。这个是非常有趣的非常中国式的思想方法，也是典型的老子式的思维方式。

中国人、中国的传统文化老追求最根本的最整体的东西，我称之为整体主义。最好是一通百通、一顺百顺，掌握这个以后干什么都行，放之四海而皆准。中国还有一个说法，说「不为良相便为良医」，因为这都是救人。你不当总理、当不了好总理、没有机会去当总理，你就好好地当一个好医生，你好好地去救那些病人。你要当总理，你救一国的人，你要当医生呢，你救上你这里来门诊的病人。

这种思路外国人无法理解，因为良相和良医是两码事。良相，你得学政治、公共管理、法律，你要是当良医呢，医学那且得啃，六年七年八年的都有，把人啃老了的都有，要啃生理、病理、解剖、细菌、病毒、遗传、药理、药物、有机无机化学还有各种检验仪器……是非常专门的学问。它与中国人的修身养生是两种思路。但是中国要求统一性，所以底下讲的老子对摄生的理论，我们会觉得很有意思，他也不给你讲维生素，也不给你讲睡眠几小时，也不讲你爱

中华文化中的养生问题

第七讲 老子的养生理论

护心脏、注意血压，这些东西他都不讲，相反的，他讲的是一个大概念、讲的是一个整体的人的境界。

生命与大道合一

按照老子的理论，生的要义就在于：使个体的生命与大道能够连接起来、能够合二为一，叫做『与天地同在、与日月齐辉』，这样的话就没有死地了。具体的、个人的、我们平常日常说的：谁出生了，或者谁去世了，这只是一个具体的表现，老子认为：如果和大道放在一块，那么你的出生也只是大道的一个表象。大道——我说是一个下载，就是大道是总的数据库，而且是总的驱动程序，你出生了只是一个下载，你死亡了，也只不过是对这个具体文件的一个关闭，大道本身并没有变化。

所以从根本上来说，人是没有死地的。这个说得是相当的玄了。老子在另外的一个地方讲到『死而不亡者寿』，就是这人虽然死了，但是他的一切并没有从此消失，所以是真正的长寿。这些话说得稍微空了一点。我们再往下说，生和死的问题，可以说是人的精神上的一个死结，因为讨论这个你不好办，起码你找不着一个死过几次的人来给你谈谈死后他有什么体会、有什么感觉；人最多是假死，这有可能，或者说是心脏停了几秒钟又救回来了，这个是有的，但死后到底怎么样，你无从论证，除了宗教可以给你一个说法，那就是你信就信，你不信，那个说法对你也没有约束的力量。所以可以说，这是人的精神、生活、学问、哲学、艺术当中的一个死结。越是死结人越追求，越想给它一个说法，越想能使自己心安一点，所以自古以来就有各种各样对于生和死的说法，比如说希腊的哲学家伊壁鸠鲁就说死的问题不存在，死了的人不可能再关心这个问题，而活着的人也无须关心死不死，活着的人应该关心的是如何活，这

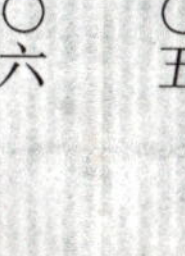

说得也很合乎逻辑，与孔子讲的『未知生焉知死』道理相通。但是人类仍然惦记这个事：一个人去世了，是不是他就什么都不知道了，是不是就没有任何痕迹了？这在今天仍然有各种不同的理解。

达·芬奇论生与死

达·芬奇我们都知道，是意大利文艺复兴时期的代表人物，还有一个电影叫《达·芬奇密码》。《蒙娜丽莎》是他画的，达·芬奇说：就像劳累的一天带来愉快的睡眠一样，勤劳的生命带来愉快的死亡。说得非常感人，你只要勤劳——用勤劳来解释一切——只要你的一生都是非常勤劳的，那么你该休息了，你该长眠了，所以仍然是愉快的。当然这愉快——真做到愉快的死亡也非常难，你让他的家属、让他的朋友那么愉快地接受他的死亡也不是很容易的事。有些人无法从学理上解释生和死的问题，但是他可以从艺术上、从文学上、从语言上——譬如说一篇很好的悼词——从政治上或者从文学上解释，可以起一个什么作用呢？就是把死亡看得更大而化之，能够从整体上看你的一生对社会对人群所做的贡献。我就常常想，比如说柴可夫斯基的第六交响乐，就是《悲怆》，它的主题就是死亡，而且在《悲怆》演出以后不久，柴可夫斯基就去世了，对他的去世，有各种八卦的说法，我在这儿就不谈了——当人们不能够用逻辑、用学问来解释死亡的时候，还可以用感情，可以用艺术、用精神的向上升华和逼近的情感，来体验一下死亡对人生的意义。用艺术用交响乐来解释死亡、来探讨死亡，应该说这也是人们给自己的精神找一个出路。

苏东坡话生死与寿命

文学里当然就更有，譬如说我们耳熟能详的苏东坡的《赤壁赋》，实际上也谈到这个问题，他在《前赤壁赋》

里讲到『驾一叶之扁舟，举瓠樽以相属，寄蜉蝣与天地，渺沧海之一粟』，我不仔细念了，就说他想到了，天地是怎么样的宏大永久，而自己像蜉蝣一样、像一个小虫一样、像水上能飞的小飞虫一样，小飞虫大概就是两三天四五天的寿命，它当幼虫的时候，寿命还有好几年，变成了成虫，像咱们养蚕似的，变成了蛾子，几天就死了——这里他表示的是对人生的悲哀。

但是苏东坡又说：『客亦知夫水与月乎？逝者如斯，而未尝往也；盈虚者如彼，而卒莫消长也。』就是说：你像水整天在那里流，水流了半天还有水，这水仍然存在，水并没有走，水永远在我们的面前；月亮有时候是圆的，有时候是亏的，是缺的，是剩的，有时候就剩一牙儿，可月亮也并没有增长，也并没有消失。水虽然流，但是水永在；月亮虽然一会儿亏了，一会儿圆了，但是月亮永在。他用这个来比喻自然是无穷的、大道是无穷的。

所以苏东坡说『自其变者而观之，则天地曾不能以一瞬』，就是一切都在变化，天地也不过是瞬间的事——现在的银河系也有自己的寿命，虽然我们说不清，它到底有多少这样的寿命。可是『自其不变者而观之』，就是从大道来看，我们每一个人的人生，『物与我皆无尽也』，就是说这个世界永远是无尽的，因为任何东西，都不可能绝对地消失，作为总的存在，它的能量、它的元素都不可能消失，同时它也不可能增长。恩格斯也说过类似的话：世界以铁的必然性会毁灭，同时又以铁的必然性会产生。所以这都是从最根本上来讨论人生、讨论生死。为什么要先讲一些很抽象的大道理呢？有这样一些大道理做参考，你的心情会豁达得多，你不会老抠那一点，说谁谁死了怎么办、我爹死了怎么办、我死了怎么办？他不会抠字眼，而是看到了这是一个总的、由大道来主宰的宇宙生生灭灭的过程。

三个『十有三』

我们再稍微具体点：老子谈到生和死，最主要的是他的第五十章，他说『出生入死。生之徒十有三，死之徒十有三，人之生，动之于死地亦十有三』，就是十分之三、百分之三十。很多老师学者解释说『生之徒十有三』，就是长寿的人有百分之三十；『死之徒十有三』，就是短命的人有百分之三十。我这方面的学问并不行，但是我不太能接受这种观点，这比例有点高了，尤其是在老子当年那种医疗条件、那种卫生、营养的条件，年年的战乱，长寿的不可能有百分之三十，长寿的不会有那么高的比例，夭折的倒可能比例高，因为越是到古代，妇产科的医疗条件就越特别的差，看过去的小说，把女性生育是看做鬼门关的，弄不好的话连孩子带母亲全都能够出事。

所以我愿意把它解释——我无法寻找一个确切的证据，只是我个人的愿望，我个人的解释——就是在宇宙当中，有利于生的元素，有利于生的因子有百分之三十，会促使你提前死亡的这种因子、这种元素也有百分之三十；老子最有趣的说法，说由于『人之生，动之死地亦十有三』，你特别希望自己活得长，你特别给自己效劳，想让自己活得好，其结果是你没有变成生的因素，而变成了死的因素了，这还有百分之三十，就是适得其反的也有百分之三十。这可就了不得了，死的因素有百分之三十，想生，最后把自己搞死了的因素又有百分之三十，那成百分之六十了，要是按百分比，三十三十三十，这三三制，是百分之九十了。还有百分之十老子没说，也可能就是这百分之十是看你怎么办了，如果要是把它办坏了，要是演变成死的因素了，就是百分之六十再加百分之十，百分之七十要玩儿完。这情况就更严重了。相反的，如果把这百分之十的个人的人生的安排、人生的处理，包括你的社会生活、你的家庭生活能够做得合理，

使这百分之十变成生的因素，那就是有前边那个生的因素三十，这边又加一个十，就变成百分之四十了。你如果有百分之四十的生的因素，那再处理得好一点，应该说还是有点希望的。

日月之精华

但是你要很警惕，其中最警惕的应该就是：生，反倒进入了死地。下边我们再说说这三成生的因素。按照我的理解，咱们既然三就三它一下，咱们试着这么说说，姑妄言之——这个符合老子通篇的精神，但是老子并没有这么具体说过——三成生的因素，我觉得第一个因素就是自然，因为生命本身就是从自然产生的，而且『道法自然』，自然世界本身就提供着生的因素，它给你提供了植物，经过种植可以变成粮食、蔬菜、水果，提供了食品。外国有感恩节，感恩节就是当年新的移民到了美洲，没吃没喝了，结果看到了野生的火鸡，他们认为这是上天给他们的食品，所以永远要感恩，要在这一天吃火鸡。大自然的日月——日给你能量，月亮在夜间可以给你照明，而且日月的循环才造成了植物生长、动物成长等等。大自然又给你各种的东西，使你有栖息的地点等等。所以第一个生的因素，应该是自然。

凡是中国的，甚至于外国的注意养生的人都注意把自己放在大自然里面。我们中国很好玩，我小时候特别有兴趣看练功，练各种的功，武功、功夫什么的，其中甚至说狐狸也练功，蛇也练功，练什么功呢？叫吸日月之精华。我当年上小学的时候，受这影响，月亮圆的时候我就要上院里头去，看着月亮练蹲裆骑马步，就半蹲在那里，当然没有坚持下来，要坚持下来，我现在也不知道是什么情景。我最感兴趣的就是『吸日月之精华』，太阳你不敢看它，你可以晒太阳、日光浴，我们现在也都懂这个，但是照得太厉害了也不好，还能造成皮肤癌，这是新的观念；那么月亮呢，

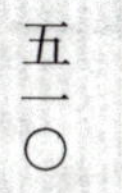

如果你对着月亮练功，你能够吸收日月之精华，其实这也是一种比喻的说法，但是这是一个很美的说法，认为生命能够从日月吸收到精华，你说这个有多牛，说我身上有日月之精华，就这个话一说出去，自个儿连活的信心都增加了，哪怕查出来你有这病那病，你都增加信心。我们看《白蛇传》，说白蛇也是吸收日月之精华，它变成美女了；《聊斋》里那些狐狸为什么那么可爱？它吸收日月之精华了，狐狸变成情人，情人节咱们都去给狐狸献花，这也是非常可爱的一种想法。所以生的第一个因素是自然。

循大道而养生

第二个因素就比自然更升华一步、更抽象一步，就是大道，你相信道、你理解道、你感受到道——说不太清楚没关系，但是你感受『道』；比世界更永久、比世界更抽象、比世界更概括的是什么呢？是『道』。有了道以后，就有了无穷的广大，也有了无限的永恒，人应该为自己的智力、为自己的悟性而感到骄傲，虽然你摸不着，你也看不见，你也不能装在口袋、你也不能打包，但是你感觉到这个世界上，除了这些零零碎碎的小的利益、小的道理、小的规律以外，还有一个无所不包无所不能无所不有的大道；你虽然很渺小，就跟苏东坡说的一样，你虽然往小了看只不过是一个蜉蝣，只是一个小虫，只有三五天的寿命，但是往大了看呢，不管以什么方式，你都是大道里的一个因子、你都是大道的一个下载、你都是大道的一个表现、你都是大道的一个证明。老子的《道德经》本身，就说明人的智力能够达到那么一个超乎一般的阶段，所以大道能够结合在一块儿，他就可以做到我们前边所说的宠辱无惊、他就可以做到无为而无不为，他就可以做到永远的存在和永远的胜利。

生命的自我调整

第三个生的因素我认为仍然是自然的观点，就是生命。自然具有的维护生命的能力，生命自己就能调整自己的问题、就能解决自己的问题。这和中医的观点也特别接近，中医认为主要就是要扶正祛邪。『正』是什么呢？就是生命本身有一种来治疗疾病、来克服困难的能力，能够自我调整、自愈——这说起来其实也很简单，比如你有两三天睡得不好，在正常情况之下，几天睡得不好以后一定会有一两天睡得特别香，因为你已经很疲倦了，你那个抑制作用已经起来了；譬如说你感冒了，你好好睡两觉，喝点水，衣服穿合适了，你就会好——要相信生命本身有这样一种自我调整的力量。

我老说老子的很多说法带有理想主义，因为他鼓吹『道』，所以他就认为道可以解决一切问题，但是实际上道归道，各种具体的技术、具体的规律、具体的科学——它还要解决各种具体问题，比如你头发有问题，用『道』来解决就隔得实在是太远，你用假发也好、还是染发也好、还是吃什么药也好，你只能够用具体的方法去解决。但是老子所设想的这里头有信仰的成分，也可以说有空想的成分，他希望通过『道』把什么问题都解决了。老子的魅力也在这里，老子有时候的缺乏可操作性也在这里，譬如说你现在闹寄生虫，你可以吃点药，把寄生虫打下去就好了，你不给他吃药，让他学习《道德经》，让他好好听咱们BTV的讲座，这对他解决寄生虫的问题很难发挥具体的作用，但是对他也没有坏处，他多知道一些事、他的精神境界高一点，起码他心情好一点。

西方有这种心理疗法，把维护好自己的心态当做养生、当做长寿、当做治病的头一条。我最近还看到一些这样的材料，在美国在欧洲都有这种理论。中国的这些理论实际上源远流长，中国人相对来讲，重视人和自然的协调，譬如

说我们到一个什么地方去，回来以后闹点小病，就说这是水土不服。『自然』无非天地和四时、四季，水土不服是从地理上来说，从天时来说呢，有时候说时令杂症，就是说到了春天了容易有春瘟，到了秋天了会有秋燥，秋天会感觉到比较干燥等等。这样的思路都是非常东方化的。

日本人注意人事与季节的配合

日本比这个还厉害，日本吃饭都特别注意和季节配合。春天的时候、草发芽的时候他就要吃『新绿』『浅草』一类的食品，这个汉字是非常美的一个词，叫新绿呀、浅草呀什么的，花开了，小点心就做成桃红色的。有时候你要吃它，最后那小点心叫小不点、小点，它是浅绿色；等到各种花开的时候吃的那点心，是粉红色的等等。他非常注意，人的一切，他的起、居、作、息、饮、食、行、止，都要和地点和季节和自然的条件有一种呼应、有一种配合，这作为一种思路，我觉得非常的可爱。川端康成是专门著文讲述日本人对于季节的敏感与重视，也许可以说是对四季的崇拜与醉迷。虽然我们无法证明早春的时候吃绿色食品——这个绿色不是指自然了，是指那颜色发绿的——是不是对人有很大的好处，或者是开花季节，桃花、樱花、花都开的时候，吃那小点心染成粉红色，是不是对你有多大的好处，我不知道，但是他这种思路非常可爱的，至少是很和谐的，反正你不讨厌它，它不会让你烦。

贪欲、有为与宠辱催人灭亡

再说死的因素，这三成死的因素，我们也从三方面来分析，一个就是贪欲，老子有许多地方讲这个，他说你越贪欲你就越容易走向死地，最近我看到咱们一位医师洪昭光先生有一个很好玩的说法，他说贪官都短命，不是说抓起来

枪毙——那当然更短命了——他说的就是由于这种贪欲之心，他时时刻刻处在一种焦虑之中、处在一种恐惧之中，而且又永远处在不满足之中，不满足加焦虑再加恐惧，你还想好好地活着？太难了。这是老子的观点，他说『祸莫大于不知足』，他认为贪欲就是把生往死上推。

老子还有一个观点，就是『有为』，过分的有为——你想做的事情太多，也是一个死亡的因素，你太累了，你做许许多多平庸的、无效的、穷折腾的、自己跟自己过不去的、既不利于别人也不利于自己的事情。当然这个观点，我们今天不可能完全接受，他说的『有为』也不是我们所说的『青年有为』有作为的意思——我们当然要提倡有为、有作为——老子说的这个『有为』是那种刻意的过分的甚至于可以说是胡作非为、不自量力、达不到目的的，或者是蝇营狗苟的、追名逐利的、低级下流的、假冒伪劣的这样一些『为』，这样的『为』只能给自己带来最消极最负面的后果。

《老子》里反复讲的死的因素，实际上就是『宠辱』——是人对宠辱的计较。一个人把自己看得很低下，因而把宠辱看得非常重要，一点小事：被抚摸了一下或者被青睐了一下，就忘乎所以；一点小事：自以为是被冷淡了一下，或者是一个什么浮名浮利没有得到，有些只是鼠目寸光、眼皮子底下的那点蝇头小利没有得到，就感到受辱，就感觉受不了了——我不愿意说了，因为我有很好的朋友，最后，不能说完全是这个原因，但是和这个有关系，譬如说他希望评一个什么职称，没有评上，结果因为这个心情越来越坏，以至于得了不治之症，去世了。去世后他的家属就来说：我的先生因为没有得到职称，忧郁成疾去世了，有关领导或者有关的机构能不能追认我先生这个职称？哎呀，我听了以后真是非常地难过，我觉得这人跟自个儿太过不去了——咱活着的时候，想得一个什么头衔没得到，想当博士没当上、

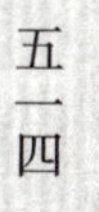

有个博士论文没通过，后来因为这个得病死了，那么他的弟弟妹妹来了，说你们这么残酷啊，人都死了，你们还不承认他是博士，你说这个事怎么办呢？

所以老子非常地强调人对宠辱应该置之度外，人对宠辱应该用一种更高的眼光来看它。那么，三成因为生而促进了死亡的这个因素——我觉得这个讲得太好了，因为所有的人都是珍惜自己的生命的，没有说是盼着自个儿早点死的，所以人往往会采取许多措施，希望自个儿能活得好活得长，但是有很多措施也会变成了一种过犹不及，过分了以后，生的因素变成了死的因素。

过度的营养、医疗与锻炼修为

什么叫过分、或者过度呢？我指的就是过度的营养、过度的医疗保健、过度的锻炼修为。这样的事情我见到的也太多了，我们是个伟大的、历史古老的民族，但我们又是一个饥饿的民族。我们长期、有很多年代处于饥饿或者半饥饿状态，现在情况好一些了，温饱问题绝大多数地方都解决了，甚至于进入全面小康的程度了，可是这种情况之下，营养过剩、营养过度非常严重。我有一个同学做内科大夫，他也叹息说，从前他看病经常看的是贫血、肝炎、缺钙、佝偻病，都跟营养不足有关，当然更严重的还有浮肿，营养不够会产生浮肿、免疫力减退等等；他说现在最多的问题是血压高、血脂高、脂肪肝、肥胖，就是吃太多、吃太好。

我有一个玩笑的话，不知道能不能够拿到台面上来说，我说人生有时候面临两个大问题，一个问题是由于吃不饱产生的，还有一个问题，是因为吃得过饱产生的。吃不饱的时候、饥饿的状态下，容易产生愚昧、犯罪、绝望、极端

产生的。还有一个问题，是因为长期过饱地生活的。吃不饱的时候，饥饿的状态下，容易产生恶果，比如懒、馋、贪婪、暴躁。

我有一句现实的话，不能从精神社会层面上来说，我说人生有时就面临着两个大问题，一个问题是由于吃不饱的，一个问题是血压高、血脂高、胆固醇、肥胖，就是吃太多、吃太好。

的疾病，营养不足有关，当然更严重的还有贫血，营养不够会产生疾病，免疫力减弱等等。现在这种最多的问题是营养过剩，营养过度非常严重。我有一个同学的内科大夫，她对我说，从前的营养都是缺乏血、肺炎、结核等状态，现在营养过剩的多了。营养问题带来许多成为流行病的一，甚至于进入全面小康的时候了，可是这种情况多了，太多了。我们是个伟大的、历史上苦难的民族，但我们又是一个很有趣的民族，我们本来，有很多年的处于饥饿灾荒半饥

什么叫过分，我觉得是过度的。我指的就是过度的营养，过度的享乐，还过的很紧张等。这样的事情我见的太

过度的营养，同样也能够毁灭

生的因素变成了死的因素。

所以人在生活中会采取许多措施，希望自个儿能活得好活得久。但是有很多措施也会变成了一种过犹不及，过分了以后，了死亡的这个因素——我说的这个并不是太好了。因为所有的人都是爱惜自己的生命的，没有谁说是想着自个儿早点死的。

所以老子非常地强调人对待生死的重视不要过分。人对待生死应该用一种更高的眼光来看它。那么，三成因为生而导致死的是哪些，你说这个事怎么办呢？

有个博士论文没通过，后来因为这个事就死了。那么她的亲朋好友都来了，说你们这个人就是的。人都死了，你们还不是

以后真是非常地难过，就觉得这人跟自个儿太过不去了——明明前面的机会，患得一个什么大奖没得到，患当博士没当上，我的亲戚朋友因为没有得到的东西，就形成很大的压力，有的长期处于这样的情绪之中，说明，我说了，比如一个什么奖项，没有评上，结果因为这个心情就不好，以至于得了不治之症，去世了。去世后他的家属就来说：……受不了了——我不愿意说了。因为我有许多的朋友，最后，不能说完全是这个原因，但是和这个有关系。譬如说他准备当一个什么什么，没有得到，有的只是属于升职，那些千万的相关小事，没有得到，就觉得受不了，这事看得非常重要。一点小事，搞得觉得了一下，也要看得了一下，就搞得很难过……一点小事，他以为是被冷落了一下。

《老子》里说到的死的因素，实际上就是“过分”——是人对生命的爱护、一个人把自己看得很大，因而把看得很重的、自己很冷的、那些不满的、最看不起的这样一些“过了”，就好比“过了”只能给自己带来最不利最坏的后果。所以——老子说的这个“有为”是指特别过分的过度甚至可以说是非常强为、不自量力、为不能为的事。我常常是说的今天不可能完全被接受。他说的“有为”也不是我们所说的“青年有为”的“有为”的意思——我们当然要积极有为，有许许多多平常的、正常的、各种各样的，自己跟自己过不去的，跟不上别人也不适合自己的事情。当然这个观点，我

老子还有一个观点，就是“有为”，过分的有为——做的事情太多，也是一个死亡的因素，你太累了，你顾不过来了。他认为贪欲是可怕的生存的主体。

且又充满欲望而不满足之中，不满足而焦虑再焦虑的，你活着好好的一路活着，太难了。这就是老子的观点。他说“一生要大于的命——那当然更短命了——他说的就是由于这种贪欲之心，他把生活放在一种焦虑之中，放在一种紧张之中。而

的行为；而在吃得过饱的情况下，容易产生颓废、奢侈、吸毒、麻醉等等这一类的问题。所以说，由于保养自己而把自己往死路上推这样的傻事，我们人类实在是做了很多。

过分的医疗也是这样，任何病——对于有些人来说，看病的条件比较方便、比较不错，有时候我就觉得，真是不知道这是一个什么标准：也有我很好的朋友拿了药就跟我说，今天我这药可是好药，这是中央领导用的药。我说吃药应该在乎药本身，而不是在乎它的成本价钱，或者它的级别。药本身没有级别，对症就好。如果两毛钱的药就能治好病，你别买两块钱的药。这种过度的医疗和自我保护，有时候违反医学的规则。现在讲医疗改革，我有些从事医药工作的朋友也说，强调服务意识、服务精神，他们非常地赞成，但是他们又害怕有时候一些患者没有医学方面的知识，他就会去求你给开好药、开贵药，有这样对自己不利的行为。

再比如说由于企图养生而练各种邪门歪道的功，有人练功练得进了精神病院，叫做走火入魔。我的好朋友里有不止一个人锻炼过度，每天早晨跑长跑，至少我有两个朋友，都是在跑了十五圈以后，突然心脏病犯了，结果就这么不幸去世了。这样的事情也有，由于太重自己的养生，反倒走向反面。

养生的诀窍在于不养生

我想起八十年代，那时候我有机会见到全国人大的副委员长、也是一个学者、复旦大学的教授，好像还做过毛泽东主席的老师，就是周谷城，周谷城那时候已经九十多岁了，我说您给我介绍一下您的养生之道，他说：王蒙，我要给你讲这养生之道，好多人不相信，他说我就仨字——『不养生』。他说，我从来不专门考虑：吃这顿饭我能多活两

年，吃那顿饭就能少活两年，我自自然然的，饿了自然要吃，饱了我自然就要放下，有病就看，小病能忍的我就忍了，有大病我看，看了医生，吃了药有效我继续吃，无效我请他再给我换一样药，累了我休息。我觉得他的说法很高级，有点沾老子的意思了。

无死地最重要

今天我们说的老子关于生与死的论述，是不是也可以总结为三三论，因为刚才说三成这样三成那样，其实他说的也不仅仅是具体如何生活、如何养生，他还是说的一种精神境界，只不过是用这样的一种阐述方式，帮助我们来理解关于大道的境界。他说『无死地』，我觉得最重要的是两个方面，一个方面就是你把自己跟大道放在一块儿，你不必那么去焦虑和惧怕死亡，因为那是大自然的规律，是一个过程，这个过程也不归你管，也不归任何一个人间的机构来管，这是大道在那里做主的，大道该怎么样，自有道理。既然你已经出生了、你已经存在了、你已经做了一些自己认为应该做的事情了，你已经来过北京电视台了，你已经说过话了，说明你活得很好，因此在你来说『无死地』，用不着考虑死地不死地的问题，那些东西大道自有道理。

更重要的是，『死地』指的就是你的弱点，一个没有弱点的人怎么会有死地呢？为什么我说它是指弱点呢？因为《老子》的第五十章里有这么一段话，这段话也特别好玩，说『盖闻善摄生者』，听说真正能够善于自己聚拢和爱护自己的生命的人，『陆行不遇兕虎』，走到路上不会碰到犀牛——这说明中国当年还有很多犀牛呢，那时候气候跟现在也不一样，现在是非洲有犀牛，我去喀麦隆的时候看到犀牛、看到河马在水里边，野生的——他说『陆行不遇兕虎，入

军不被甲兵』，参加战斗，那些武器跟你没关系，刀枪不入，刀也砍不到你身上，枪也刺不到你身上，说『兕无所投其角』，就是犀牛见了你，它没有地儿下犄角，犀牛是独角，那个独角估计谁也受不了，要是挨一犄角，那是可以刺穿你的心脏，但是它无所投其角，它不知道把犄角往哪顶；『虎无所用其爪』，老虎是靠爪子搏斗的，但是由于你是一个无死地的人、你是一个通了大道的人，老虎见了你它没地儿动爪子、爪子不知往哪儿拍；『兵无所容其刃』，利刃，一把尖刀，尖刀没地儿可扎；他说『夫何故』，什么原因，犀牛见了你犄角无处顶、老虎见了你爪子无处拍、士兵见了你拿着小刀没地儿捅，这什么原因呢？因为你无死地（以其无死地），你没有弱点，你没有软肋，你没有可以下爪子下犄角的地方。他说得多好，就跟我小时候看武侠小说的金钟罩、铁布衫，一枪扎过去扎不动，当年义和团也想练这个，就是有点像硬气功，但是它是在很多条件下的，你到处乱扎那受不了，真正实战也不行。

咱不讨论气功了，回过头来说，老子说的这个是什么意思呢？他是不是要提倡你去练某种功，或者身上带某种盔甲，购买某种作战的服装、战袍呢？我想不是这个意思，老子所说的『无死地』，就是你没有那种致命的弱点——小弱点你有，有时候也吹吹牛，有时候喝点酒，有时候也发发牢骚，但是你没有致命的弱点；致命的弱点是什么？像贪官就有致命的弱点。再譬如说骄傲有时候就变成致命的弱点，可以回过头来看历史上的一些例子，有很多人的下场非常悲惨。譬如说商鞅曾帮助秦孝公变法，把秦国搞得很强盛，但是他就有死地，他为什么有死地呢？因为他太严厉了，而且他仗着秦孝公对他的宠爱，要处罚秦孝公的太子，认为太子违背了他的变法，非给他治罪不可，这样就是叫做结怨甚多，也是死地。譬如韩信那么大的功劳，但是最后的下场非常的惨，因为韩信的才智非常的高，

曾经跟刘邦讨论，说你能指挥多少人：刘邦你不过是指挥那么数量有限的几百个人几千个人，我是多多益善——『多多益善』这词就从这儿来的——就是说打起仗来，他的指挥能力是无限的。但是刘邦也会问，说既然你指挥比我指挥得好，为什么现在你接受我的指挥？韩信也很会回答，说得刘邦也很舒服的，就是说：因为我能指挥的是兵，您能指挥的是将，所以将得听您的、兵听我的。这是智者的对话。但是韩信有另一面，他喜欢出风头、他喜欢得益，而且他犹豫不决，他既跟随着刘邦，有时候又对刘邦有所不满、又有不忠的想法，甚至有造反叛乱的想法，他又不敢真造反真叛乱，就这么犹豫不决、左右摇摆，又不断地小有成就以后得意得不得了，又整天在那儿吹乎；就是好出风头，出到了极点，这也是死地。

贪官就更甭说了，那种贪欲，不管是从科学的角度、道德的角度、法律的角度、纪律的角度、管理学的角度，这种贪污渎职的人，浑身都是死地，你抓住他一条辫子，他就没有活路。老子提出了一个非常有趣的标准，尤其是给那些大官、那些所谓有大智的人，甚至是给君王给侯王、诸侯们讲的：你们都愿意活得好、都愿意摄生、都愿意养生、都愿意长命百岁，那么你们想一想，你们自己有哪些弱点、有哪些致命弱点，如果每个人能够认真地想一想自己有些什么致命的弱点，然后对自己这个致命弱点有所控制、有所克服、有所减弱，哪怕说好出风头人人都有——这不可能没有，这我不可能完全做到，但是至少你能够掌控一下，你不要让它恶性爆发了，你不要做到天怒人怨、结怨甚多、死地到处都是，你别到这个程度应该是可以的，是做得到的。老子的这个说法说起来好像很严重，但是实际上启发还非常的大，应该说是不难多少做到一些的。

老子底下又有一个说法，用恬淡来求摄生。他提出要『味无味』，就是要吃那些——这也是一个比喻——吃那些味道并不太过于吸引人的东西，要吃那些比较平淡的东西，要过那种比较平淡的生活。他还说『多藏必厚亡。知足不辱，知止不殆』，说你收集的东西、得到的东西越多，你离死或离丢失那些东西就越快；他说你知足就不会受侮辱，因为你没有那些贪欲。

与摄生有关的是老子讲『功遂身退』，《老子》第九章说得好：『持而盈之，不如其已；揣而锐之，不可长保；金玉满堂，莫之能守；富贵而骄，自遗其咎。功遂身退，天之道也。』这就叫做急流勇退的道理。保持一个满满堂堂，且赶不上早早罢手。揣在怀里，锋芒毕露，气焰嚣张，这样的事情是长久不了的。金玉满堂，谁也守护不住，早晚归了旁人。因为富贵荣华就猖狂万状，你那是自找倒霉！事情办成了，赶紧退下来，这才是符合大道的最高明的选择啊！《史记》上讲了不少功遂身退（现在一般讲『功成身退』）、急流勇退的道理。为什么又叫急流勇退呢？因为社会生活、政治生活就像急流猛浪，它推着你卷着你滚滚向前，你常常会感到身不由己，想脱身退下谈何容易！《史记》中蔡泽动员范雎下台那一段话，讲得极漂亮。讲这个讲出了很多故事，一看就是司马迁的文风，讲得洋洋洒洒，就是讲这些例子：到时候该退他不退，造成了一个个不好的干脆说是惨烈已极的后果。

当然也有好的例子，最好的功成身退的模范就是范蠡。范蠡当年辅佐越王勾践，把西施送给吴王夫差的美人计都是范蠡的主意。但越王勾践战胜了吴王夫差以后，范蠡马上就把西施带上经商去了，最后他的名字叫陶朱公。旧社会，

我小时候每到春节前夕，就有送财神爷的，财神爷就是范蠡的标准像。范蠡功成以后不恋栈不掌权，进入民间系统，当了财神爷、当了陶朱公，经商有极好的效益，还把西施接收了，他的生活多么聪明、多么愉快！当然这只是传说而已。还有张良，没有他这么浪漫，又是美女又是到湖上遨游，远洋大概没有去过，但是起码是水乡，经常在船上生活，挺有趣的——张良也是比较能够保护自己，他虽然出了那么多的主意、立了那么大的功，成功以后他就不问政事、他不揽权、他不到处伸手。

我觉得中国人的这种思想也是非常有趣的，也有很惨烈的教训在里边，当然现在解决这个问题，不是说用你学老子的方法，现在有任期制，你到时候恋栈也不让你恋栈了，你该退就退，现在有制度保障，这是非常合理的。功成身退作为一种精神境界来说，说得俗一点，就是四个字：见好就收——在你最好的情况之下，你最好申请退役，留下一个永远美好的印象；别等到你已经都很吃力了，甚至于走到反面了，不要到那个时候再狼狈地下来。老子的这些想法虽然不完全是讲养生的，但是和前边讲的养生的道理也是相通的。当然老子讲的是一面的理，我多次说过：不是世界上只有这么一个道理，也有另外的许多说法，譬如说『鞠躬尽瘁，死而后已』、譬如说『发挥余热』、譬如说『小车不倒只管推』等等的这一类说法，表达一种『知其不可为而为之』，表达一种完全忘我的奉献精神，我们也应该给予很高的评价。但是老子说的功成身退，并不是指从这种精神上『身退』，而主要的是从名、利、权上退下来，我们要那么理解就更全面了。

枪毙——那当然更短命了——他说的就是由于这种贪欲之心，他时时刻刻处在一种焦虑之中、处在一种恐惧之中，而且又永远处在不满足之中，不满足加焦虑再加恐惧，你还想好好地活着？太难了。这是老子的观点，他说『祸莫大于不知足』，他认为贪欲就是把生往死上推。

老子还有一个观点，就是『有为』，过分的有为——你想做的事情太多，也是一个死亡的因素，你太累了，你做许许多多平庸的、无效的、穷折腾的、自己跟自己过不去的，既不利于别人也不利于自己的事情。当然这个观点，我们今天不可能完全接受，他说的『有为』也不是我们所说的『青年有为』有作为的意思——我们当然要提倡有为、有作为——老子说的这个『有为』是那种刻意的过分的甚至于可以说是胡作非为、不自量力、达不到目的的，或者是蝇营狗苟的、追名逐利的、低级下流的、假冒伪劣的这样一些『为』，这样的『为』只能给自己带来最消极最负面的后果。

《老子》里反复讲的死的因素，实际上就是『宠辱』——是人对宠辱的计较。一个人把自己看得很低下，因而把宠辱看得非常重要，一点小事：被抚摸了一下或者被青睐了一下，就忘乎所以；一点小事：自以为是被冷淡了一下，或者是一个什么浮名浮利没有得到，有些只是鼠目寸光、眼皮子底下的那点蝇头小利没有得到，就感到受辱、就感觉受不了了——我不愿意说了，因为我有很好的朋友，最后，不能说完全是这个原因，但是和这个有关系，譬如说他希望评一个什么职称，没有评上，结果因为这个心情越来越坏，以至于得了不治之症，去世了。去世后他的家属就来说：我的先生因为没有得到职称，忧郁成疾去世了，有关领导或者有关的机构能不能追认我先生这个职称？哎呀，我听了以后真是非常地难过，我觉得这人跟自个儿太过不去了——咱活着的时候，想得一个什么头衔没得到，想当博士没当上、

有个博士论文没通过，后来因为这个得病死了，那么他的弟弟妹妹来了，说你们这么残酷啊，人都死了，你们还不承认他是博士，你说这个事怎么办呢？

所以老子非常地强调人对宠辱应该置之度外，人对宠辱应该用一种更高的眼光来看它。那么，三成因为生而促进了死亡的这个因素——我觉得这个讲得太好了，因为所有的人都是珍惜自己的生命的，没有说是盼着自个儿早点死的，所以人往往会采取许多措施，希望自个儿能活得好活得长，但是有很多措施也会变成了一种过犹不及，过分了以后，生的因素变成了死的因素。

过度的营养、医疗与锻炼修为

什么叫过分、或者过度呢？我指的就是过度的营养、过度的医疗保健、过度的锻炼修为。这样的事情我见到的也太多了，我们是个伟大的、历史古老的民族，但我们又是一个饥饿的民族。我们长期、有很多年代处于饥饿或者半饥饿状态，现在情况好一些了，温饱问题绝大多数地方都解决了，甚至于进入全面小康的程度了，可是这种情况之下，营养过剩、营养过度非常严重。我有一个同学做内科大夫，他也叹息说，从前他看病经常看的是贫血、肝炎、缺钙、佝偻病，都跟营养不足有关，当然更严重的还有浮肿，营养不够会产生浮肿、免疫力减退等等；他说现在最多的问题是血压高、血脂高、脂肪肝、肥胖，就是吃太多、吃太好。

我有一个玩笑的话，不知道能不能够拿到台面上来说，我说人生有时候面临两个大问题，一个问题是由于吃不饱产生的，还有一个问题，是因为吃得过饱产生的。吃不饱的时候、饥饿的状态下，容易产生愚昧、犯罪、绝望、极端

王蒙讲说《道德经》系列